婴幼儿照护类专业系列教材

U0646144

0~3岁婴幼儿语言发展与教育

主编／王 静 冉 超

编委／马利娜 范 铮

北京师范大学出版集团
BEIJING NORMAL UNIVERSITY PUBLISHING GROUP
北京师范大学出版社

图书在版编目（CIP）数据

0～3 岁婴幼儿语言发展与教育 / 王静，冉超主编. —
北京：北京师范大学出版社，2020.8（2025.8 重印）
（早期教育专业系列教材）
ISBN 978-7-303-26101-7

Ⅰ . ① 0… Ⅱ . ①王… ②冉… Ⅲ . ①婴幼儿 – 语言教
学 – 高等职业教育 – 教材 Ⅳ . ① G613.2

中国版本图书馆 CIP 数据核字（2020）第 127987 号

出版发行：北京师范大学出版社 https://www.bnupg.com
　　　　　北京市西城区新街口外大街 12–3 号
　　　　　邮政编码：100088
印　　刷：唐山玺诚印务有限公司
经　　销：全国新华书店
开　　本：787 mm×1092 mm　1/16
印　　张：13
字　　数：252 千字
版　　次：2020 年 8 月第 1 版
印　　次：2025 年 8 月第 5 次印刷
定　　价：39.80 元

策划编辑：王　超　　　　　　责任编辑：肖　寒
美术编辑：焦　丽　　　　　　装帧设计：焦　丽
责任校对：段立超　　　　　　责任印制：赵　龙
封面插图：蔡爱文

前　言

　　0～3 岁是婴幼儿大脑发育的关键时期，也是可塑性最强的时期。我国著名儿童教育家陈鹤琴提出："幼稚期是人生最重要的一个时期，什么习惯、言语、技能、思想、态度、情绪都要在此时期打一个基础，……幼稚教育从三岁半开始已经太晚了，不重视幼稚教育，是国家最大的损失。"意大利幼儿教育家蒙台梭利也认为，婴幼儿前三年的发展在程度和重要性上，超过人一生中的任何其他阶段。

　　婴幼儿是国家的未来，近年来，我国对于 0～3 岁婴幼儿教育日益重视。教育部于 2012 年 12 月下发《关于开展 0～3 岁婴幼儿早期教育试点的通知》，确定上海市、北京市海淀区等 14 个地区开展 0～3 岁婴幼儿早期教育试点。党的十九大报告首次提出"幼有所育"，把其作为保障和改善民生的重要内容。党的二十大报告在回顾总结新时代十年的伟大变革时再次提到"幼有所育"，并就今后民生事业发展作出"优化人口发展战略，建立生育支持政策体系，降低生育、养育、教育成本"的重要部署。国务院办公厅于 2019 年 5 月发布了《关于促进 3 岁以下婴幼儿照护服务发展的指导意见》（以下简称《意见》），明确提出"为家庭提供科学养育指导"，"遵循婴幼儿成长特点和规律，促进婴幼儿在身体发育、动作、语言、认知、情感与社会性等方面的全面发展"。2019 年 10 月，按照《意见》要求，国家卫生健康委组织制定了《托育机构设置标准（试行）》和《托育机构管理规范（试行）》，充分调动社会力量积极性，大力发展托育服务。可见，0～3 岁婴幼儿的保教工作越来越受到国家的重视，很快将步入一个蓬勃发展的阶段。

　　婴幼儿语言发展是个体全面发展中一个非常重要的部分，语言发展水平是婴幼儿全面发展的一个重要的衡量标准，同时，语言又是婴幼儿认知、动作、情感等方面发展的重要基础和工具。0～3 岁是婴幼儿语言发展的关键期，在此阶段进行科学的语言教育对于每个婴幼儿来说都至关重要。

　　本书共八个单元，分别从 0～3 岁婴幼儿语言发展的理论概述、发展规律等方面进行阐述，介绍了早期教育指导机构和托育服务机构中语言教育活动的相关情况，并对0~3岁婴幼儿语言教育活动作了专门介绍。同时，为了帮助读者理解，还设置了活动视频、拓展学习、专家点拨等栏目，以期从理论和实践上对机构及家庭中婴幼儿语言教育进行指导。

本书单元一中的任务一、单元四、单元五由天津师范大学学前教育学院王静负责编写，单元一中的任务二任务三任务四、单元二由徐州幼儿师范高等专科学校马利娜负责编写，单元三由天津师范大学学前教育学院范铮、王静共同编写，单元六、单元七由天津师范大学学前教育学院冉超负责编写，单元八由天津师范大学学前教育学院范铮、冉超共同编写。本书的统稿由王静和冉超负责。

本书在编写过程中引用了国内外许多专家、学者的观点，作为新形态教材，其中的活动视频、案例等得到了部分早教机构、幼儿园及家人朋友的大力支持，在此表示衷心的感谢。但有关早期教育的理论与实践探索在我国尚处于起步阶段，可供参考的资料不够丰富，加之编者在0~3岁婴幼儿心理发展研究上的局限性，因此书稿难免存在一些疏漏，敬请读者多提意见，以便未来改进。

编　者

目 录

单元一　0~3岁婴幼儿语言发展与教育概述

导言

　　随着我国社会经济发展水平的提高，人们越来越重视0~3岁婴幼儿的教育。《国家中长期教育改革和发展规划纲要（2010—2020年）》在学前教育发展任务中强调要"重视0~3岁婴幼儿教育"。婴幼儿教育是指对0~3岁婴幼儿实施的符合其生理、心理发育、发展特点，支持婴幼儿多方面能力和谐发展的教育活动。狭义的婴幼儿教育，在我国也可称为早期教育，是结合多种形式，有目的、有计划地开展的上述教育活动。

　　早期教育的内容广泛，涉及婴幼儿语言、动作、认知、情感、社会性、艺术感受与表现等多领域的发展及能力培养。从事早期教育工作的教师和婴幼儿家长应全面了解这些内容。需要注意的是，全面发展对婴幼儿的成长非常重要，与此相适应的早教活动往往也是相互融合的，无论是婴幼儿的照顾者还是保教人员都不应过度关注其中某个领域。就语言领域来说，学习和了解0~3岁婴幼儿语言发展的特点，掌握语言发展的规律，是开展与婴幼儿各阶段心理、生理特点相适应的语言教育活动的基础。本单元将从婴幼儿语言教育的内涵、意义，婴幼儿语言发展的影响因素及相关理论等方面入手，对婴幼儿语言教育基本问题予以介绍。

学习目标

1. 了解语言及相关概念的本质与内涵。
2. 结合实际理解0～3岁婴幼儿语言教育的意义。
3. 掌握影响0～3岁婴幼儿语言发展的因素。
4. 初步了解0～3岁婴幼儿语言获得及发展理论。
5. 初步了解国内外0～3岁婴幼儿语言教育的现状。

知识导览

单元一　0～3岁婴幼儿语言发展与教育概述

- 任务一　0～3岁婴幼儿语言教育的含义及意义
  - 一、0～3岁婴幼儿语言教育的含义
  - 二、0～3岁婴幼儿语言教育的意义

- 任务二　0～3岁婴幼儿语言发展的影响因素
  - 一、影响0～3岁婴幼儿语言发展的遗传因素
  - 二、影响0～3岁婴幼儿语言发展的生理因素
  - 三、影响0～3岁婴幼儿语言发展的环境因素

- 任务三　0～3岁婴幼儿语言获得及发展理论
  - 一、先天决定论
  - 二、后天环境决定论
  - 三、遗传与环境相互作用

- 任务四　国内外0～3岁婴幼儿语言教育的研究现状
  - 一、国内研究现状
  - 二、国外研究现状

注：标注 ✎ 的对应内容有配套在线资源，可供延伸学习。

任务一　0~3岁婴幼儿语言教育的含义及意义

语言是人类社会沟通交流的最重要的一种载体，是人和动物最重要的区别之一。0~3岁是人生发展的基础阶段，在这一时期，婴幼儿的身体、认知、情绪情感等方面每一天都在发生着变化，其中很大部分会通过语言得以体现，又通过语言而发展。婴幼儿对社会的认识、对现实的构建很大程度上表现在语言发展上。

一、0~3岁婴幼儿语言教育的含义

（一）语言的含义

1. 语言是人类最重要的交际工具

语言是人与人交流感情和传输信息的中介。人是说话的动物，说话是人的基本属性之一。现实生活中人与人之间的交流主要依靠说话来进行，其中有的是传输有效信息，有的仅仅是日常交流感情之用。社会的正常运转同样需要有效的语言传输来进行，法制、教育等都需要以语言为载体。可以说，语言是纽带，是把不同的人和信息连接起来的一座桥梁。

语言是人类认识世界和表述世界的工具。人类早期发明一些词汇来认识世界，如天、地、人、花、鸟、树等。随着人们对世界的认识越来越深入，人类在科学、文学、艺术等各方面取得了不俗的成绩，这些成就如何记录和流传呢？靠的是语言这种载体，通过书面语的发明（即文字），后人对前人的探索有了系统而全面的了解。在语言产生之前，人类文明以物质文明为主，语言的产生使人类精神文明获得了新载体，成为反映人类文明的最重要样式之一。

对于0~3岁婴幼儿来说，不管是学会说话之前的咿呀学语，还是刚学会说话时断断续续从口中冒出来的单个词句，都是婴幼儿和成人交流的一种形式。婴幼儿试图通过这种早期语言来和亲人们进行情感上的交流，或完成信息的传递。

2. 语言是人类所特有的一种符号系统[①]

语言的符号性是语言的一个根本特征。语言和它代表的事物之间不存在理性的联系。瑞士语言学家索绪尔指出："语言是一种表达观念的符号系统。"[②]在他的语言学思想体系中，符号学（Semiology）是研究社会生活中符号的科学，而语言

[①]　许国璋：《语言的定义、功能、起源》，载《外语教学与研究》，1986年第2期。

[②]　费尔迪南·德·索绪尔：《普通语言学教程》，37页，北京，商务印书馆，1980。

无疑是其中最重要的组成部分。符号是按照约定俗成的方式确定下来的，意义具体而明确。符号信息流动高效，代表不同意义的符号的沟通、传输顺畅而无阻碍。就语言自身而言，它是由语音和语义结合而成、由词汇和语法所构成的符号系统。总之，语言是一种具有高度概括性的符号系统，是婴幼儿学习的对象。

3. 语言包含口语和书面语以及体态语、手语等

提到交流工具，人们可能首先会想到口语，但是书面语对于沟通交流同样重要。在日常交流中，口语及体态语等占有较大优势，手语是在某些特殊场合下使用的语言。而在比较正式的场合，或是需要跨越时间及空间时，书面语就有了不可替代的作用。当代人要学习孔子、柏拉图等先贤的思想，只能通过人们整理留下的书面语言去了解。对于0～3岁婴幼儿来说，他们的学习对象主要是口语。0～3岁也是一生中学习口语最关键的时期。

（二）0～3岁婴幼儿语言教育的含义

语言文字的产生为人类文明的发展做出了卓越的贡献，可以说没有语言就没有人类文明。语言教育的状况和水平，不仅代表一个国家的教育水平，而且体现着国家的软实力乃至国际竞争力。语言教育历来受到国家的重视，从教育决策来说，自小学、中学至大学阶段，语言教育在其中均占非常重要的位置。

语言教育是一个长期而复杂的过程。人们通过语言教育获得以多种方式使用语言的能力，也获得社会各领域的知识。在这个过程中，语言既是工具，又是学习的目标。因此，语言是语言教育的核心。从受教育者的角度来看，语言教育既是一种素质教育，又是一种技能教育。

1. 广义的0～3岁婴幼儿语言教育

张明红在《婴幼儿语言发展与教育》中提到，广义的婴幼儿语言教育把婴幼儿的所有语言获得和学习现象、规律以及训练与教育作为主要研究的对象。[①]

在0～3岁这个阶段，婴幼儿基本能学会当地语言，在现在家庭大多重视早期教育的环境下，很多婴幼儿还会学习母语的书面语，甚至还要学习一到两门外语。

2. 狭义的0～3岁婴幼儿语言教育

本书所讲的0～3岁婴幼儿语言教育，是狭义的语言教育，即成人与0～3岁婴幼儿进行的语言交流或专门的语言训练活动。语言发展是一个连续不断地通过语言学习如何表达意义的过程。对于0～3岁婴幼儿来说，主要学习发展的是倾听能

---

① 张明红：《婴幼儿语言发展与教育》，6页，上海，上海科技教育出版社，2017。

力、理解能力、口语表达能力及欣赏能力。

二、0~3岁婴幼儿语言教育的意义

拓 展 学 习

早期接触对语言发展更好

大量证据表明，对于一门语言的掌握，早期接触的效果更好。第二语言的学习也存在类似模式。青春期后才开始接触第二语言的人会发现，即使在使用了几十年后，那门语言的某些方面（通常是词法方面）如果有可能掌握，也会是相当艰难的。早期开始的学习一般发展轨迹大致相同（即他们间几乎没有差异），但后来开始的学习者彼此之间则差异相当大。可见早期语言经历为后来的语言能力奠定了基础。看那些随父母移民的孩子就知道，年纪愈小的孩子，似乎不必花什么力气就能将当地的语言学得又快又好，而父母呢？却怎么也无法达到那个境界。

（资料来源—杰克·肖克夫：《从神经细胞到社会成员：儿童早期发展的科学》，112页，南京，南京师范大学出版社，2007。）

0~3岁是婴幼儿语言发展的关键期。这一时期婴幼儿与周围世界接触并在此基础上形成的经验，构成将来心理发展的一切基础。其中，语言是非常重要的一环。婴幼儿的语言发展阶段性非常明确，生命的前三年是语言发展最迅速的时期。在这个阶段施以恰当的语言教育，能够促进婴幼儿语言能力的获得和提升。反之，若家长认为婴幼儿自己就能学会说话，口齿不清也置之不理，缺乏语言教育的意识，会对婴幼儿语言发展有不利影响。爱因斯坦说过，一个人的智力发展和形成概念的方法在很大程度上取决于语言的发展。语言的发展能够促进婴幼儿认知、情感等多方面的发展。下文中，我们将具体来了解0~3岁婴幼儿语言教育有哪些重要意义。

（一）促进0~3岁婴幼儿语言能力的发展

0~3岁婴幼儿正处于语言发展初期，他们对语言有着天然的兴趣，表达需求十分强烈，喜欢模仿，不惧尝试，这种学习的主动性为进行语言教育创造了良好的先决条件。

语言教育最重要的任务是促进婴幼儿语言能力的发展。对于0~3岁婴幼儿来说，倾听能力和表达能力最为重要。在语言教育中，父母或是老师应提供合理的语言材料，如语音和词汇的大量输入、早期阅读材料的投放、生活中的语言互动等，来促进婴幼儿语言的发展。婴儿刚出生时对世界一片懵懂，两三个月时已经可以咿咿呀呀地说话，对父母的声音、表情等进行回应，五六个月时开始无意识发音，七八个月时就能理解生活中成人经常与其交流的话语，一岁左右开始说话，两岁左右会说简单的句子，三岁左右能够用语言表达自己的想法，这一系列的过程都离不开语言教育。

人类不是一出生就会说话，在早期的两三年中，正是由于成人有意识或无意识地参与婴幼儿的语言发展过程，婴幼儿才能够在三岁左右基本习得当地语言。如果脱离了语言环境，婴幼儿就会如广为人知的印度狼孩一样，根本无法与人交流，更谈不上任何语言能力的发展。反之，如果家人积极参与婴幼儿语言发展的过程，会促进婴幼儿语言能力的提升。

日本东京大学教育学部井上健治曾写过一篇《野孩的启示》，所谓野孩，是指人类的儿童因各种原因从出生开始就生活在野外，与人类社会环境隔绝，后来又回归人类社会的人。文章以其中两个狼孩为例，详细对比狼孩回归人类社会前后的发展水平差异，以及人们加以干预后的结果，其中有关于语言部分的分析和记录，可以看出在人类早期进行语言教育的重要性。

拓 展 学 习

婴幼儿语言发展的早熟现象

对一名男孩从出生到2岁时的追踪记录显示，由于数字化媒介的发展，婴幼儿的认知能力发展和语言发育进度普遍明显加快，9个月到1岁进入单词句阶段，1岁到1岁4个月进入双词句阶段，1岁4个月到1岁8个月进入简单句阶段，1岁8个月到2岁复合句开始发展。相对于一般婴幼儿的语言发展水平，这个男孩的语言发展速度大大提前。当然，在不同的婴幼儿个体中，语言发展速度本来差异就很大，有时候提前或滞后半年左右并不稀奇。但这篇文章有一个观点我是认同的，就是现在的婴幼儿语言发展速度确实在加快。这不仅仅是手机、电脑等电子产品的影响，而是多种因素的共同作用。如现在0~3岁婴幼儿的父母多为"80后""90后"，本身大多接受过更高程度的教育，对早期教育更为重视，更容易接受先进的教育理念，在家庭语言教育方面做得比较完善，部分家长会将孩

拓展学习

子送到社会上的早教或托育机构进行语言、艺术等各领域的启蒙，婴幼儿各方面的发展速度都会适当加快。

（资料来源—张丁丁：《早熟与快熟：儿童语言发展的新趋向》，载《教育学术月刊》，2016年第3期。）

（二）促进0~3岁婴幼儿的认知发展

认知和语言源于人类为反映客观世界的需要而进行的实践活动，认知发展是语言发展的基础，反过来，语言只要被婴幼儿理解和掌握，就可以对认知发展起推动作用。因此，语言发展和认知发展是相互促进、共同发展的。

皮亚杰说："语言具有双重意义，它既是一种凝缩的符号，又是一种社会的调节。语言在这种双重意义中便成为思维精密发展不可缺乏的因素。"[1]

语言作为间接地反映客观世界的工具，具有高度的概括性，人类所特有的抽象思维与之有着密不可分的联系。婴幼儿通过语言学习来发现认识对象的异同，同时借助语言获得新的概念，并加以巩固和发展。

婴幼儿的认知发展有一个过程，先是认知最具体的，也就是日常生活中最先接触到的且比较容易认知的事物，然后逐步认知比较抽象的事物和关系。婴幼儿语言的发展遵循同样的规律。在认知发展的基础上，他们最先掌握的词类是名词，而且是具体的名词；其次是动词，在一岁半以前开始掌握；而后按抽象程度由低到高，依次掌握形容词、副词和代词、连词等。也就是说，婴幼儿的语言学习越来越抽象化，最先学会的是生活中可以感知到的具体词汇，当有了一定的语言基础之后，成人用语言向婴幼儿描述外面的事物，使婴幼儿的认知范围得以扩大，通过间接经验来认识世界。不仅如此，语言还可以促进婴幼儿理解、概括、判断、推理能力的形成和发展，促进婴幼儿创造力和想象力的发展，婴幼儿可以借助语言来想象某个情境，并最终运用语言表达出来。

（三）促进0~3岁婴幼儿情感和社会性发展

语言是最重要的一种交际工具，人们通过语言表达自己的想法、交流感情。离开语言，人与人之间的交往就无从谈起。要丰富婴幼儿的情感，使其在社会中

---

① 让·皮亚杰：《儿童的心理发展》，傅统先译，124页，济南，山东教育出版社，1982。

早日适应，语言是不可或缺的一项技能。

婴儿期父母可以通过语言与婴儿建立良好的情感联系，如在给孩子喂奶、换尿布、外出散步时可以对孩子说：宝宝吃奶啦；妈妈要给宝宝换尿布啦；我们出去散步啦；看小鸟在枝头叽叽喳喳等。这样可以给孩子树立交流的榜样，示范正确语音语调。两岁左右的孩子喜欢听妈妈讲故事、念儿歌，在享受亲子阅读的过程中，婴幼儿在情感上得到极大的满足，而不仅仅是对故事或儿歌内容感兴趣。很多婴幼儿不愿意听早教机讲故事，哪怕这些故事讲得更加委婉动听，比自己的妈妈讲得更生动，婴幼儿最喜欢的仍然是自己的家人，听着熟悉的温柔语调来演绎同样的故事，反反复复，乐此不疲，沉浸其中。在这样的过程中，婴幼儿的情绪情感积极健康向上，亲子关系发展良好。还有一些婴幼儿非常喜欢听童话故事，在看似天马行空、不着边际的故事里，有一种无形的力量，可以直抵婴幼儿的心灵深处，映射婴幼儿的恐惧，让他们直面善与恶的交锋、美与丑的对比，学会解决问题的办法，让其情绪得到充分的发展。

0～3岁婴幼儿也有社会交往的需要，语言能力强的婴幼儿在遇到同伴时，可以进行恰当的社交，如一起做游戏、玩耍等，这样婴幼儿可以在交往中获得成功的体验，成人也更愿意对主动与人打招呼的孩子释放善意、加以鼓励，这又会增加婴幼儿语言学习的主动性。

0～3岁婴幼儿语言教育中会接触大量生活材料，让婴幼儿了解社会行为规范，学会更好地与人交往，如接受别人的帮助要说谢谢，小朋友玩玩具的时候发生了争抢行为应如何去处理等，这些生活场景都可能出现在语言学习的材料中。当这些场景真实地再现在生活中时，婴幼儿就能更好地处理，而非打闹、叫喊、硬抢等。婴幼儿能够真切地体会到，哪种行为和语言能够在社会交往中取得成功，哪种会招致排斥，从而去复制这种成功的体验，避免失败的行为和语言模式。这对于提高婴幼儿的社会交往能力会产生积极的、深远的影响。

任务二　0~3岁婴幼儿语言发展的影响因素

婴幼儿习得语言，在心理学上被视为婴幼儿社会化发展历程中的一个里程碑，对婴幼儿的身心健康发展起着重要作用。而0~3岁婴幼儿语言发展要受到一系列因素的影响。探明这些因素在婴幼儿语言发展中的作用，是婴幼儿心理学的重要研究领域，也是0~3岁婴幼儿语言教育的重要任务。

一、影响0~3岁婴幼儿语言发展的遗传因素

遗传是一种生物现象，是指遗传物质从上代传给下代的现象，即将那些与生俱来的机体的形态构造、感官特征和神经系统的结构与机能等生物特点传给下一代[1]。约翰森（W.L.Johnnseu）认为，性细胞的染色体内含有一定数目的占有一定位置的、有序排列的遗传物质，这个物质被称为"基因"，"基因"决定了下一代的不同遗传性质。

尽管影响个体发展的因素极为复杂，但仍有足够的研究结果证明语言的学习行为具有遗传性。国外研究者 Stevenson 等[2]选取了285对双生子作为样本，通过比较同卵双生子和同性异卵双生子，发现遗传对"发展性阅读困难"有中等程度的影响，对拼写能力有显著的影响。Smith 等[3]在研究中发现15号染色体的一个区域与阅读困难连锁。Grigorenko 等[4]发现"单词阅读表型"与15q21染色体的D15S143遗传标记连锁，研究证明该染色体与阅读困难有关；"语音意识表型"与6号染色体上5个相邻的遗传标记连锁，说明"阅读困难表型"的不同类型与不同染色体有关；1号染色体上有一个基因与阅读困难的发生有关；1p和6p的基因共同作用于阅读困难的快速命名和语音解码两种表型。Fagerheim 等[5]发现位于

① 但菲，刘彦华：《婴幼儿心理发展与教育》，24页，北京，人民出版社，2008。

② Stevenson J，Graham P，Fredman G，McLoughlin V，"A Twin Study of Genetic Influences on Reading and Spelling Ability and Disability，" Journal of Child Psychology and Psychiatry，1987（2），229~247.

③ Smith S D，Kimberling W J，Pennington B F，"Screening for Multiples Genes Influencing Dyslexia，" Reading and Writing：An Interdisciplinary Journal，1991（3），285~298.

④ 高兵，杨玉芳：《发展性阅读困难的行为遗传学研究》，载《心理科学进展》，2005年第5期。

⑤ Fagerheim T，Raeymaekers P，Tonnessen F E，Pedersen M，Tranebjaerg L，Lubs H A，"A New Gene（DYX3）for Dyslexia is Located on Chromosome，" J Med Genet，1999（9），664~669.

2p15-16 的一个区域具有影响阅读困难的基因。Nopola-Hemmi 等[1]发现 3 号染色体上的一个基因与阅读过程的语音意识、快速命名、言语短时记忆这三种表型障碍有关。大量的研究证明了语言的发展具有遗传基础。随着人类基因组计划和功能基因组研究的继续深入，将会有更多语言学习行为的遗传基础被揭示，从而应用于人类的语言学习教育和语言学习障碍行为的治疗过程。

二、影响 0～3 岁婴幼儿语言发展的生理因素

婴幼儿语言的发展依赖许多因素，从生理因素方面来看，主要依赖大脑、听觉系统、发音器官三者功能的正常发育，三者中任何一方面功能异常，都会影响语言的发展。对于婴幼儿来说，出生后身体各部分及器官的结构和机能有一个生长和发展的过程，这种生理的成熟，特别是脑的发展，与婴幼儿语言的发展有着密切的关系。

（一）大脑神经中枢的成熟

根据生理解剖学的研究，人出生后脑和神经系统的发育最快。语言中枢是人类大脑皮质所特有的，多在左侧。语言中枢负责控制人类进行思维和意识等高级活动，并进行语言表达。

运动性语言中枢（说话中枢）：紧靠中央前回下部，额下回后 1/3 处，又称布若卡氏区，能分析综合与语言有关的肌肉性刺激。此处受损，病人与发音有关的肌肉虽未瘫痪，却丧失了说话的能力，临床上称运动性失语症。

听觉性语言中枢（威尔尼克区的一部分）：位于颞上回后部，能调整自己的语言和听取、理解别人的语言。此处受损，患者能讲话，但说话混乱而割裂；能听到别人讲话，但不能理解讲话的意思（听觉上的失认），对别人的问话常所答非所问，临床上称为感觉性失语症。

书写性语言中枢（书写中枢）：位于额中回的后部，此处受损，虽然其他的运动功能仍然保存，但写字、绘画等精细运动会发生障碍，临床上称为失写症。

视觉性语言中枢（阅读中枢，威尔尼克区的一部分和位于其上方的角回）：位于顶下叶的角回，靠近视中枢。此中枢受损时，患者视觉无障碍，但角回受损会使视觉意象与听觉意象失去联系（大脑长期记忆的信息编码以听觉形式为主），导

---

① Nopola-Hemmi J, Myllyluoma B, Haltia T, Taipale M, Ollikainen V, "A Dominant Gene for Developmental Dyslexia on Chromosome," J MedGenet, 2001（38），658～664.

致原来识字的人变得不能阅读，失去对文字符号的理解，称为失读症。

各语言中枢不是孤立存在的，它们之间有密切联系，语言能力需要大脑皮质有关区域的协调以及配合才能完成。据研究，听到别人说话，理解后用口语回答的过程可能是：听觉冲动传至听觉区，产生听觉，并与威尔尼克区联系，理解句意。经过联络区的分析，将信息传送到运动性语言中枢。运动性语言中枢通过与头面部有关皮质的联系，控制唇、舌、喉肌运动，形成语言，并表达出来。

（二）发音器官的成熟

发音器官是指人体参与发音活动的器官，根据这些器官在发音过程中的作用，可分为呼吸器官、发声器官、吐字器官和共鸣器官。呼吸器官包括肺、腹肌和胸廓，它们为发音提供所需的空气动力。发声器官包括喉头和声带，其作用是在空气动力推动下，发出可供吐字器官和共鸣器官加工的声音。

语音由发音器官发出，发音器官及其活动决定语音的区别。人体的发音器官可以分为三大部分：动力区、声源区和调音区。

1. 动力区——肺、横膈膜、气管

肺是呼吸气流的活动风扇，呼吸的气流是语音的动力。肺部呼出的气流，通过支气管器官到达喉头，作用于声带、咽腔、口腔、鼻腔等发音器官。

2. 声源区——声带

声带位于喉头的中间，是两片富有弹性的带状薄膜。两片声带之间的空隙叫声门，肌肉收缩，杓状软骨活动起来可使声带放松或收紧，使声门打开或关闭，从肺中出来的气流通过声门使声带振动发出声音，控制声带松紧的变化可以发出高低不同的声音来。

3. 调音区——口腔、鼻腔、咽腔

口腔（包括唇、齿和舌头）后面是咽腔，咽头上通口腔、鼻腔，下接喉头。口腔和鼻腔靠软腭和小舌分开。软腭和小舌上升时鼻腔关闭，口腔畅通，这时发出的声在口腔中共鸣，叫口音。软腭和小舌下垂，口腔成阻，气流只能从鼻腔中发出，这时发出的音主要在鼻腔中共鸣，叫作鼻音。如果口腔没有阻碍，气流就会从口腔和鼻腔同时呼出，发出的音在口腔和鼻腔同时产生共鸣，叫鼻化音（也叫半鼻音或口鼻音）。

0~3岁婴幼儿的发音器官虽然具备基本结构，但是咽部狭小，而且垂直，声带短、薄、娇嫩，保护不好极易患病。成人要让婴幼儿多呼吸新鲜空气，预防咽炎、扁桃体炎。不要引诱婴幼儿狂呼乱叫，对他们的任性哭闹现象要及时制止，以免因声带充血肿胀、发炎，导致声带肥厚等问题。

拓 展 学 习

请爱护童声 "哆来咪"

随着人们生活水平的不断提高，越来越多的儿童对音乐、舞蹈、美术等艺术产生了浓厚的学习兴趣。在所有的艺术培训科目中，声乐因其巨大的艺术感染力成为热门科目之一。

儿童发音器官的特点是质地脆弱，音域较窄，气息比较短浅，力度较小，音域不宽，这称之为童声。有些孩子唱成人的歌曲，模仿成人的音量、音色，喉咙撑得大大的，天长日久就会造成病态。所以儿童嗓音的保护不仅是科学发声的需要，而且是儿童健康成长的需要。

首先，要注意选材。避免不加选择地把成人唱的流行歌曲或音域过宽、乐句跃动过大的歌曲让孩子们唱。应当根据儿童的嗓音特点，恰当地选择音域不宽、定调适中的曲目来演唱。儿童的歌唱教学，以老师逐句范唱、儿童模仿为主要方式；可以直接学唱歌词，也可以由老师在琴上弹奏（或范唱），儿童以简单语音学唱歌谱，然后再学唱歌词。歌曲音域一般不宜超过六度，过高过低的音，应让儿童轻松自然地唱，音准合格即可，不宜在音量上过分要求。

其次，帮助儿童养成良好的用嗓习惯。歌唱的教室空间应该比较宽敞，空气必须清爽，温度适当。剧烈运动后不宜立即唱歌，必须休息片刻后再进行演唱。歌唱后不宜立即喝凉水和冷的饮料，过冷的饮料会刺激喉咙，造成声音嘶哑。日常生活中要注意儿童的健康状况，不宜在室外过冷、过热或迎风的环境中歌唱。

再次，唱歌的场地应该清洁卫生，环境应肃静无哗。场地不卫生，粉尘、烟雾很大，孩子吸入后，对发声器官是非常不利的。环境不安静、喧闹嘈杂，孩子唱起歌来必定会加大嗓音，加重声带负担。教师教孩子唱歌的时间也不宜过长。时间长了，孩子的发声器官容易疲劳，嗓音嘶哑，同时也影响孩子的情绪。

最后，要注重儿童身体素质的锻炼。俗话说"体壮声雄"，好的身体素质是学习声乐艺术的基本条件之一。家长要注重锻炼孩子的身体素质，鼓励其多参加游泳、慢跑、跳绳等对抗性不强的体育项目。

三、影响0~3岁婴幼儿语言发展的环境因素

（一）社会文化因素

婴幼儿是在特定的社会生活环境中获得语言的。它包括自然环境和社会环境。自然环境对婴幼儿语言发展的影响是不可忽视的，如不同的自然景观会影响婴幼儿语言的发展。有研究表明[①]云南的撒尼族生活在山区，撒尼族婴幼儿对于"陡"这个形容山势的词要比平原地区城市婴幼儿掌握得早。社会生活环境中的各种因素对婴幼儿语言的学习也有相当的影响。四川、湖南以吃辣著称，这两个地区的婴幼儿对于"辣"这个词的掌握，要比其他地区婴幼儿早一年或一年半。许多事实和研究表明，婴幼儿离开了正常的社会生活环境，语言活动就不可能得到正常的发展。

在印度加尔各答的丛林中曾发现过两个被狼哺育的女孩。大的女孩叫卡玛拉，约8岁，小的女孩叫阿玛拉，1岁半左右。据推测，她们大概是在半岁时被母狼带到洞里去的。当她们被领进孤儿院时，一切生活习惯都同野兽一样，不会用双脚站立，只能用四肢走路。她们害怕日光，在太阳下，眼睛只开一条窄缝，而且会不断地眨眼。她们习惯在黑夜里看东西。她们经常白天睡觉，一到晚上则活跃起来。在每晚10点、凌晨1点和3点会发出非人非兽的尖锐怪声。她们完全不懂人类的语言，也发不出人类的音节。阿玛拉的发展比卡玛拉的发展快些。进了孤儿院两个月后，当她渴时，她开始会说"bhoo（水，孟加拉语）"，并且较早对别的孩子的活动表现兴趣。遗憾的是，阿玛拉只活到3岁就离世了。大女孩卡玛拉用了25个月才开始说第一个词"ma"，4年后一共只学会了6个字，7年后增加到45个字，并曾说出用3个字组成的句子。卡玛拉一直活到17岁，仍然没有真正学会说话。

两个女孩的悲惨命运让我们不难看出，婴幼儿期的语言教育环境对其成年后的语言能力水平有较大影响。婴幼儿期是语言发展，特别是口头语言发展的关键期。成人要重视语言教育，要在婴幼儿能学而又迫切要学的时期，运用正确有效的方法，培养婴幼儿口语能力，提高他们的语言水平。

（二）家庭因素

家庭是基于血缘结合而形成的亲密小团体，它为婴幼儿语言的发生提供了最

---

① 武进之：《幼儿使用形容词的调查研究》，载《心理发展与教育》，1986年第1期。

初的社会环境，因此家庭教育的质量是影响婴幼儿语言发展的重要因素。与婴幼儿言语能力水平相关的家庭因素有三方面，一是家庭中的阅读资源，二是父母本身的职业和受教育程度，三是父母对子女教育的兴趣和对子女阅读的鼓励①。

国外学者西默洛夫对一个婴幼儿样本进行追踪调查，他认为，一对聋人夫妇，有 90% 的可能性会生下一个健听的孩子，父母与孩子的交流只能通过手语来进行，这个孩子就不会像其他孩子一样通过模仿父母说话来与父母交流。在这种情况下，孩子的语言发展便会滞后于同龄人。婴幼儿要想获得较高的语言水平，需要在婴幼儿时期得到充分培养及训练。此外，家长的教育观念以及对待婴幼儿的不同态度也会影响婴幼儿语言的发展。婴幼儿在学习语言的过程中，家长的支持与鼓励至关重要。那些得到父母爱和关怀的婴幼儿，通常有较多的时间和父母交流，有较多的机会去体验各种活动，在各种各样的活动和环境中又会进一步刺激婴幼儿语言的发展。反之，若婴幼儿经常受到父母的指责、批评及苛求，将使婴幼儿失去学习语言的兴趣，甚至会导致婴幼儿沉默、不愿意开口。

拓 展 学 习

　　如果在家庭中父母讲两种不同的语言，这对婴幼儿的语言发展会有什么影响呢？扫描文旁二维码了解双语家庭语言学习的相关研究。

---

① 王大龙，王玲：《言语教育——早期教育的重要一环》，载《父母必读》，1990 年第 1 期。

任务三　0～3岁婴幼儿语言获得及发展理论

语言发展理论亦称"语言获得理论"（theory of language acquisition），这是解释婴幼儿获得母语口头语言中说话和听话能力的一种理论。语言作为有效的交际工具，所有发育正常的婴幼儿在出生后四五年内不需要任何正式训练便可顺利获得听、说母语的能力，其发展速度远胜于其他复杂的心理过程和心理特性。婴幼儿为什么能在短短几年内掌握各种复杂而抽象的语言？围绕这个问题，20世纪70年代以来，不同学者对此给出了不同的解释，形成了几派关于语言获得及发展的理论。

一、先天决定论

（一）先天语言能力说

先天语言能力说又称为"转换生成语法说"，主要由乔姆斯基提出。他认为决定婴幼儿说话的是先天遗传的语言能力，即先天的普遍语法知识。它规定了人类各种语言句子的构造和理解，因此不同种族、不同语言环境的婴幼儿都能按基本相同的方式和顺序掌握本族语言。

乔姆斯基从观察中认识到，所有婴幼儿，不分性别、血统和文化背景，只要没有生理和其他方面的缺陷，在适当的环境下，都可以在大致相同的时间内，不需要花费很大的精力习得自己的母语。在这期间，孩子的母亲和周围的人不用对婴幼儿进行语言方面的系统训练，也无须反复地纠正孩子的错误。从婴幼儿学会第一个单音词开始到熟练掌握母语，需要五年左右的时间。在婴幼儿习得语言的过程中，语言的输入是有限的，习得语言的外部环境也并非理想，他们听到的并不都是标准的合乎语法的句子，但是婴幼儿却能学到标准的语言。他们的语言极为丰富，语言结构也很复杂。据此，乔姆斯基提出了自己的理论假设：人脑中有一种先天语言获得装置（Language Acquisition Device，LAD）。LAD存在于人的大脑当中，能够帮助婴幼儿掌握语言。这种独特的装置使婴幼儿不仅有一般的倾向和潜力，而且还有关于世界本质，尤其是语言本质的独特知识。LAD的功能如图所示：

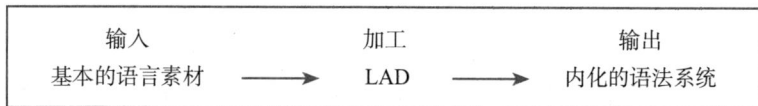

输入	加工	输出
基本的语言素材 —→	LAD —→	内化的语法系统

婴幼儿语言的获得是依靠婴幼儿自己的 LAD 实现的。由外界输入婴幼儿原始的语言材料，经过 LAD 进行复杂加工构成语法规则，转换成婴幼儿的内在语法系统。乔姆斯基认为，每一种语言的语法必须包含一个规则系统来表达深层结构和表层结构之间的关系。深层结构是理解句子的意义结构，表层结构是直接感知句子的外部形式（语音、语法结构）。婴儿感知的是语言的表层结构和外部形式，经过 LAD 的加工操作，转化为深层结构，由此产生对语言的理解。词的材料通过 LAD 的转化加工，可生成无数创造性的句子，使婴幼儿可以说出他从未听过的句子。

尽管乔姆斯基的理论在一定程度上低估了环境对语言发展的影响，但其合理成分还是被实践和越来越多的实验所证实。纽约大学心理系高级研究员戴维教授提出了新证据支持乔姆斯基数十年前的理论：我们拥有"内部语法"，使我们能够理解无意义的短语，并解释说"我们的神经生理发现为该理论提供了支持。我们将成串的单词变得有意义，是因为我们的大脑将单词按分层方式组合成句子成分——这个加工反映出内部语法机制"。此外，国外科学家还发现婴儿在出生前就开始学习语言，对单卵和双卵双胞胎的研究也发现，人类的语言获得是基因决定的。正是语言基因决定了语言中枢的神经元数量以及神经联结的复杂程度和可塑性[①]。

（二）自然成熟说

勒纳伯格是自然成熟说理论的代表人物，他提出的"自然成熟说"与乔姆斯基的"先天语言能力说"是婴幼儿语言先天决定论的两大理论。

勒纳伯格以生物自然成熟观点来说明先天语言能力。他特别强调语言发展的先天基础，认为生物的遗传素质是人类获得语言的决定因素。在他看来，人的大脑具有其他动物所没有的专管语言的区域，所以语言为人类所独有。另外，勒纳伯格还提出了语言发展的关键期理论。他认为，语言既然是大脑成熟的产物，必然有个关键期，约从 2 岁开始到青春期（11、12 岁）为止。当大脑功能的成熟达到一种语言的准备状态时，只要有适当的外在条件的激活，潜在的语言结构状态就转变成现实的语言结构，从而使语言能力得以展现。过了关键期，即使给予训练，也难以再获得语言能力。

语言发展关键期学说可以解释诸如成人与婴幼儿之间语言学习能力的差异等

问题。但勒纳伯格的自然成熟说也否定了环境和语言交往在语言发展中的重要作用，忽视了后天环境的影响因素。另外，关于语言的关键期究竟在几岁？关键期对于语言学习的影响究竟有多大？它发生了什么变化？关键期之后 LAD 是否不起作用了？这些都是有待讨论的问题。

二、后天环境决定论

（一）强化说

最早提出强化说的是俄国著名的生理学家巴甫洛夫。在巴甫洛夫经典条件反射中，强化指伴随于条件刺激物之后的无条件刺激的呈现，是一个行为前的、自然的、被动的、特定的过程。他认为，婴幼儿获得语言是一系列条件反射的行为过程。当词的刺激物引起词的反应时候，才标志着幼儿语言的获得。如抚养人问幼儿要不要喝水时，幼儿回答"要"，这要到 1.5 岁左右才能实现。

拓　展　学　习

> 条件反射是巴甫洛夫研究狗的消化腺分泌时意外发现的。手术时，他在狗的腮部唾腺位置连接一导管，引出唾液，并用精密仪器记录唾液分泌的滴数。实验时给狗食物，并随时观察其唾液分泌情形。在此实验过程中，巴甫洛夫意外地发现，除食物之外，在食物出现之前的其他刺激（如送食物来的人员或其脚步声等），也会引起狗的唾液分泌。巴甫洛夫根据谢切诺夫的脑的反射理论，在 1901 年将狗对食物之外的无关刺激引起的唾液分泌现象，称之为条件反射。所谓条件反射（conditioned reflex），是指在某种条件下，非属食物的中性刺激也与食物刺激同样引起脑神经反射的现象。从 1901 年起，巴甫洛夫专心从事条件反射实验研究，直到他逝世为止。

美国行为主义心理学家斯金纳（B.F.Skinner），发展了巴甫洛夫的理论，提出了操作性条件反射的原理。巴甫洛夫发现的传统的条件性刺激是对一个固定的刺激的反应。除一般的刺激（如饲料）外还有一个完全不同的刺激（如铃声），因此在条件性刺激成功地建立后，只要铃声响狗就会有唾液流出。操作条件性刺激增加了一个新的元素：行为后的后果。也就是说，传统的条件性刺激只是基于已存在的反应对它进行变化，而操作条件性刺激则会产生新的行为模式。

经典条件性刺激用公式来表示就是：刺激 ⇒ 反应（即 S–R）。

操作条件性刺激用公式来表示就是：操作 ⇒ 强化（即 R–S）。

斯金纳认为，婴幼儿的语言获得是"刺激—反应—强化"的过程。当婴幼儿与成人互动时，婴幼儿对一个刺激做出的反应，得到成人口头表扬或物质上的满足，这就增加了婴幼儿在以后类似情境中做出相同反应的可能性；相反，如果收到成人的负面反馈，他就会回避这种语言反应，久而久之就会因受到强化而形成语言习惯。例如，婴幼儿发出"baba"声音时，爸爸就会立刻出现，并重复词语进行强化，使父亲的形象与"baba"之间建立短暂的联系，成人不断地对正确的发声加以正强化，对不正确的发声加以负强化，多次反复之后婴幼儿就会通过联想准确地将"baba"与爸爸的形象联系起来，爸爸这个词就被婴幼儿掌握了。因此强化理论学派认为，婴幼儿的语言行为和其他行为一样，都是一系列刺激和反应的连锁活动，强调提供正确的语言和正面强化的作用，这对心理学界和语言学界曾产生过很大的影响。

这一理论虽然有合理的地方，但它过分强调婴幼儿无目的的反应和狭隘的强化作用，忽视了婴幼儿自身在语言学习中的作用。有些观点不是从婴幼儿言语行为的实际观察中得出的，而是从较低级的动物实验中得出的类比，因而有片面性。

（二）模仿说

模仿说是阿尔波特（Allport）于 1924 年提出的。他认为婴幼儿言语只是对成人言语的模仿。婴幼儿语言是其父母语言的翻版。怀特赫斯特、瓦斯托等人在此基础上，又提出了"选择性模仿"的概念。他们认为，婴幼儿对话语的模仿受到话语理解能力的限制，成人语言与婴幼儿语言之间具有一种功能关系，只要功能相似，婴幼儿就有选择和创造的余地。选择性模仿是在自然环境中发生的，并非在训练和强化中进行的。

拓展学习

我国学者许政援的研究成果支持了怀特赫斯特等人的选择性模仿理论。

根据 11~14 个月婴幼儿语言获得过程的追踪和分析表明：

一、否定模仿学习在婴幼儿语言获得中的作用，认为语言是语言获得装置（LAD）实现的先天语言能力，是缺乏事实依据的、片面的。

拓 展 学 习

　　对11～14个月婴幼儿语言追踪录音的分析清楚地表明：被试婴幼儿这一期间所获得的词87.5%来自成人言语教授和婴幼儿相应的模仿学习，其余的12.5%来自婴幼儿与人们（成人和其他婴幼儿）的交际。从各种词类所占比例来看，婴幼儿这一期间通过模仿学习所获得词的词类，基本上与成人所教授词的词类相对应。从具体的词语来看，婴幼儿获得的词语与成人同期教授的词语也是对应的，相符率达80%。这都说明，11～14个月期间婴幼儿获得的语言主要来源于模仿学习。因此，片面强调先天语言能力的决定作用，否定模仿学习对早期语言的作用是错误的。

　　二、把婴幼儿语言发展看作单纯取决于社会学习的机械模仿说，也是片面的。

　　成人言语教授及婴幼儿相应的模仿学习，确实是早期语言的来源。但是，从我们记录到的材料也可以看到：不是成人教什么婴幼儿就模仿什么，从而也就获得什么；有相当一部分词婴幼儿没有模仿、没有掌握。这部分词可分为三类：

　　1. 婴幼儿没有模仿，也没有获得。这类词属于婴幼儿发音器官模仿有困难，又是婴幼儿经验中所没有、认知水平还达不到的。如12个月时教的"箱"，13个月时教的"照相"等。

　　2. 虽知成人语言所指，婴幼儿因发音困难而没能模仿。如12个月时成人指着鸟教的"鸟"，14个月时指着实物教的"收音机"。

　　3. 模仿而未能获得。这类词离婴幼儿当时生活范围较远，婴幼儿认知水平还不能达到。如11个月时成人教的"枪"，12个月时成人教的"钱"，13～14个月时成人教的"外公"等。这些都说明：婴幼儿模仿、获得成人教授的词是有选择的。在发音器官已发展到能模仿发出这个音，同时经验和认知水平已达到能掌握这个词时，婴幼儿才能够模仿学习并获得它。此外，婴幼儿在成人教授和自身模仿、获得基础上，还能概括出新的词组，如婴幼儿在学会"好妈妈""好奶奶"基础上自动说出"好妹妹"。这说明婴幼儿在习得语言过程中发展了归纳和规则化并创造性地使用语言的能力，而这种能力是与婴幼儿认知水平密切相关的。因此，婴幼儿在成人教授和与人们交际过程中并不是完全被动的，而是依靠人类独有的、有抽象概括和分析综合能力的大脑，在语言器官和认知水平一定发展的基础上，有选择地、主动、创造性地获得语言的。把婴幼儿语言发展看作单纯取决于社会学习的机械模仿说，显然是片面的。

（资料来源——许政援，郭小朝：《11—14个月儿童的语言获得——成人的言语教授和儿童的模仿学习》，载《心理学报》，1992年第2期。）

（三）社会学习理论

社会学习理论也称观察与模仿学习理论，以班杜拉（Albert Bandura）为代表。社会学习理论探讨的是个人的认知、行为与环境因素三者及其交互作用对人类行为的影响。按照班杜拉的观点，以往的学习理论家一般都忽视了社会变量对人类行为的影响。他们通常是用物理的方法对动物进行实验，并以此来建构他们的理论体系，这对于研究生活于社会之中的人的行为来说，似乎不具有科学的说服力。由于人总是生活在一定的社会环境中，所以班杜拉主张要在自然的社会情境中而不是在实验室里研究人的行为。

该理论强调社会语言模式和模仿的作用。班杜拉认为，婴幼儿是靠观察和模仿成人的语言来学会说话的。婴幼儿通过观察成人说话中存在的语言模式并进行模仿而获得词汇和语法结构。在这一过程中，婴幼儿因为模仿而学习语言，又因模仿过程而受到强化。在生活中的确能够观察到婴幼儿对成人语言的模仿，尤其是对较为亲密的成人的模仿。如成人指着碗里的食物说"好吃"，婴幼儿也会发出类似"hao-chi"的音节，甚至语调都很像。

三、遗传与环境相互作用

后天环境论强调后天因素的决定性作用，而先天决定论突出的是先天因素的作用。以皮亚杰为代表的认知学派，在先天因素和后天因素之外又提出了由其相互作用产生的一个语言赖以依托的第三者认知结构，也就是先天与后天相互作用论。

皮亚杰认为认知结构是语言发展的基础，语言结构随着认知结构的发展而发展，又通过"同化"和"顺应"的过程促进婴幼儿的认知发展。婴幼儿的语言结构具有创造性。婴幼儿的语言能力仅仅是大脑一般认知能力的一个方面，即许多符号功能中的一种，而认知结构的形成和发展既非环境所强加，也非人脑先天具有，而是主体和客体相互作用的结果。语言是一种符号功能，也是婴幼儿许多符号功能中的一种，因此它与其他符号功能一样，出现在感知运动阶段的末尾，即18～24个月之间。

皮亚杰学派从主客体之间的相互作用来说明婴幼儿认知能力和语言能力的发展，同时不排斥遗传机制、社会环境及婴幼儿自身活动的作用，有其合理性。但过分强调认知发展是语言发展的基础，而忽视语言发展对认知发展的反作用，不免带有片面性。

总的来说，语言是具有一定遗传素质的个体在社会环境的相互作用中，特别是在和人们的语言交流中，以及在认知发展的基础上发展起来的。婴幼儿语言富有创造性，但模仿与学习在语言获得中仍起着极为重要的作用。选择性模仿可能是语言获得的重要途径之一。强化理论不能解释语言获得的全部事实，尤其不能圆满地解释语言的创造性。乔姆斯基的先天能力和先天语言获得装置假设则在一定程度上低估了环境对语言发展的影响。皮亚杰学派从主客体之间的相互作用来说明婴幼儿认知能力和语言能力的发展，但过分强调认知这一因素，形成了"单向"影响的看法，未免过于片面。上述三种语言获得理论均有不同程度的可取方面，但又都有各自的局限性，都未能对婴幼儿语言获得做出完满解释。因此，有关婴幼儿语言获得理论的纷争势必还要持续。

任务四　国内外 0～3 岁婴幼儿语言教育的研究现状

伴随着早期教育理念的传播以及早期教育认识的深化，重视 0～3 岁婴幼儿早期发展与教育已逐渐成为世界学前教育发展的重要趋势。早期教育由过去简单的对婴幼儿的看管和照料，演变成提高婴幼儿素质、培养婴幼儿能力、减少贫困、促进公平甚至增强国际竞争力等富有多重含义的工作。早期教育的内容十分广泛，包括动作、语言、认知、情感、社会性等方面。虽然在此探讨的是婴幼儿语言教育问题，但是婴幼儿的各方面发展是不可分割的，因此以下对国内外早期教育及相关的研究做一些综合介绍和分析。

一、国内研究现状

我国对 0～3 岁婴幼儿早期教育的关注起始于 20 世纪 90 年代，到 21 世纪初，0～3 岁婴幼儿早期教养工作受到国家层面的重视，《中华人民共和国国民经济和社会发展第十四个五年规划和 2035 年远景目标纲要》明确提出要"发展普惠托育体系，健全支持婴幼儿照护服务和早期发展的政策体系"，并将"每千人口拥有3 岁以下婴幼儿托位数 4.5 个"纳入"十四五"时期经济社会发展主要指标。在《中国儿童发展纲要（2001—2010 年）》和《国家中长期教育改革和发展规划纲要（2010—2020 年）》中明确把 0～3 岁婴幼儿教育归结至学前教育部分中，特别指出"重视"二字，这意味着婴幼儿早期教育的重要性和必要性有了权威的理论依据。2001 年《北京市学前教育条例》将接受学前教育婴幼儿的年龄由 3～6 岁向下延伸到零岁，体现了北京市对婴幼儿早期教育的重视。2003 年 3 月国务院办公厅转发的教育部等 11 个部门《关于幼儿教育改革与发展的指导意见》中也进一步强调，要采取多种灵活的方式发展婴儿教育，通过为家长提供科学育儿的早期教育服务，促进我国早期教育的发展，促进婴儿的健康成长。此后，在 2010 年颁布的《全国家庭教育指导大纲》中，针对 0～3 岁婴幼儿的身心发展特点，进一步对家庭教育指导的内容作了详细的指示，为婴幼儿早期教育实践和家庭教育提供具体的指导。

我国的早教工作尚处于起步阶段，针对婴幼儿语言的研究虽然也取得了一定的成果，但是存在的问题还很多。如把早期阅读等同于早期识字、重知识、轻能力，重视英语、忽视母语等问题。总之，无论是在观念方面，还是在方法策略方面，都需要从发达国家的早期教育中吸取先进的经验，再结合我国的国情，发展我国的早期教育事业。

二、国外研究现状

在美国，早期教育泛指 0~8 岁儿童的教育，在某些情况下特指 0~3 岁婴幼儿的教育或者学龄前婴幼儿的教育。从 20 世纪 60 年代开始，美国 0~3 岁早期教育项目经历了快速发展的一段时期，一系列发展计划和项目开始实施并取得成效，如早期干预计划、婴幼儿保育和家庭援助运动、联邦政府开端计划、州学前计划、父母参与计划、职员准备和培训计划。一些全新的教育理念在各项计划和方案中得以体现，如预防、提升、优势导向、父母赋权、生态导向、多元文化和语言认同以及全方位提供服务。[①]目前，美国早教机构逐渐形成一定的规模，进入各种日托中心与家庭托儿所的 5 岁以下的婴幼儿达 1300 万。早教机构的班级规模大多在 6~12 人，师生比多为 1∶4 或 1∶5。在 1984 年，美国幼儿教育协会（NAEYC）颁布了高质量的托幼机构认证标准，使得托幼机构的教育质量得到了保证。美国幼儿教育协会对于早期教育的内容特别强调了五个方面的内容，其中就包括语言发展。到了 90 年代，早期阅读问题成为美国婴幼儿早期教育界关注和研究的重点。近年来，美国早期教育的发展趋势显示，在婴幼儿语言教育方面，他们更加强调培养婴幼儿使用语言的自信心和训练婴幼儿的倾听能力，使其循序渐进地掌握更多的句子。

英国政府在 1997 年针对当时英国早期教育与保育存在的问题，如早期教育质量得不到保证，早期教育与保育成本太高，很多地方缺乏早期教育与保育场所，许多家长获得入学信息的途径非常贫乏等，开始实施"全国婴幼儿保育战略"，并确定了五条基本原则：保证质量、上得起学、多样性、有地方上学、共同合作。1999 年一种建立在社区基础之上的，多部门共同参与的早期教育项目——"确保开端"地方项目开始实施。该项目明确了婴幼儿发展的四个目标，目标之一是培养"一个善于交流的孩子"，这显然与婴幼儿的语言发展密切相关。2003 年《每个婴幼儿都重要》提议将"确保开端"地方项目改为"确保开端婴幼儿中心"，由地方政府管理。2004 年，英国政府发布了《家长的选择与婴幼儿最好的开端：婴幼儿保育十年战略》，在确保每个婴幼儿都有最好的开端的同时，保障其父母尤其是母亲能够在职业生涯中取得进步，并在家庭和工作之间做好平衡。战略继续支持负担得起的、可获得的、高质量的、直到 14 岁的婴幼儿保育教育，并提出要有更加灵活多样的早期教育与保育机会。到 2007 年 10 月，英国共建立了 1325 个"确

---

① 蒙·科克伦：《儿童早期教育体系的政策研究》，王海英译，8~9 页，南京，江苏教育出版社，2011。

保开端婴幼儿中心"，为超过 100 万的婴幼儿和家庭提供了包括早期教育、保育、健康和家长服务在内的整合服务。

日本是世界公认的早期教育成功国家之一，有很多成功的经验值得我们学习和思考。日本非常重视对家长的指导。约有 50 种月刊专门为婴幼儿的家长所办，内容专门谈如何进行学龄前的教育，在全国各地的书店都可以买到。当孩子出生不久，父母就为他们拟定了培训计划，计划中包括游戏、唱歌、体育锻炼和舞蹈。在日本的许多地方都有规定，如果孩子的家长不去参加家长与教师的联合会议，就会被罚款。在教育孩子方面，他们非常提倡给孩子自由，让他们去想、去说、去做。在师资培养方面，日本有 300 多所大学和短期大学培训幼师和保育员，他们也非常重视幼师的培训教育，幼师的待遇很高，幼师职业受到全日本人民的尊重。

芬兰国家教育委员会已向基础教育供应方开展的 96 个不同项目提供了 400 多万欧元的特别援助，以便在早期婴幼儿教育、学前教育和基础教育方面开发、增加和引进语言教学。促进早期语言教学是政府改革综合学校重要项目的一部分。援助还用于支持教育提供方探索新的举措，以此在早期教育或学前教育中引入不同的语言和语言学习。援助还可用于支持其他方式，以寻求语言教学的全面发展，以及建立语言教育，使之成为学校整体运营文化的一部分，其目的是提高教师和整个学校和幼儿教育界的能力，以便在早期语言学习中提供更好的语言教学与支持。芬兰教育与文化部部长拉索恩说："多才多艺的语言技能是未来最重要的技能。婴幼儿具有学习新技能的卓越能力。现在几乎 1/4 的市政当局正在组织实验，以便在学校的第一年或早期幼儿教育中引入第一外语。长期目标是每个孩子都可以在学校的第一年就开始学习外语。"[①]

拓展学习

美国早期教育起步较早，成效显著，其发展历程中有很多经验可供借鉴，扫描文旁二维码了解美国 0~3 岁早期教育发展的相关内容。

---

① 徐平：《芬兰综合学校改革——促进早期语言教学发展》，载《世界教育信息》，2017 年第 9 期。

学习检测

1. 简述 0～3 岁婴幼儿语言教育的含义。

2. 论述 0～3 岁婴幼儿语言教育的意义。

3. 影响婴幼儿语言发展的因素有哪些？你认为哪些因素更重要？谈谈你的理由。

4. 操作性条件反射学说的主要观点有哪些？通过观察，试一试你能否发现婴幼儿通过操作性条件反射获得语词的实例。

5. 论述观察与模仿学习理论的研究对理解婴幼儿语言有何启示。

6. 结合国内早期教育现状，谈谈国外早期教育经验对我国婴幼儿语言教育发展的启示。

实践体验

1. 提前编制访谈提纲，到早教中心组织一次教师和家长访谈，向其了解在机构教育和家庭生活中是如何促进婴幼儿语言发展的，哪些方法是有效的，不同家庭之间存在哪些差异。

访谈提纲样例：

（1）您如何看待孩子的语言教育？

（2）您认为孩子语言方面的发展受哪些因素的影响？

（3）您认为在对孩子的语言教育方面，最重要的是什么？

（4）早教中心有没有关于语言教育的相关课程？若有，是如何开展的？

（5）早教中心会采取哪些措施提高婴幼儿的语言水平？

2. 走访早期教育机构或者婴幼儿家庭，通过观察婴幼儿与教师或家长的互动，思考如何利用环境因素促进婴幼儿语言发展，并与大家分享交流。

单元二 0～3岁婴幼儿语言发展特点

导言

　　语言是人类在社会实践中逐渐形成和发展起来的交际工具，是一种约定俗成的符号系统，是一种社会现象。心理学家认为，语言和思维关系密切、难分彼此。故而，词语概括的出现是婴儿思维发生的重要标志。学会使用语言，可以丰富婴幼儿心理反映的内容。婴幼儿可以通过语言和同伴、成人进行交流，所获取的信息则不仅仅局限于自己的直接经验所得。可见，语言的发生和发展反映着婴幼儿心理发展的进程，在某种意义上标志着其心理发展的水平。通常婴幼儿到三岁时可以基本掌握自己的本地语言。0～3岁婴幼儿的语言发展是一个循序渐进的过程，大致分为三个阶段：语言准备期、语言发生期、语言发展期。无论是发音的变化，还是词汇的增加、语法规则的学习，每个阶段都有其独特的特点。总体而言，0～3岁婴幼儿的语言发展是遵循一定规律的。

学习目标

1. 理解0～3岁婴幼儿的语言发展阶段。

2. 掌握0～3岁婴幼儿的语言发展特点。

3. 运用所学知识，初步设计促进婴幼儿语言水平发展的教育活动。

知识导览

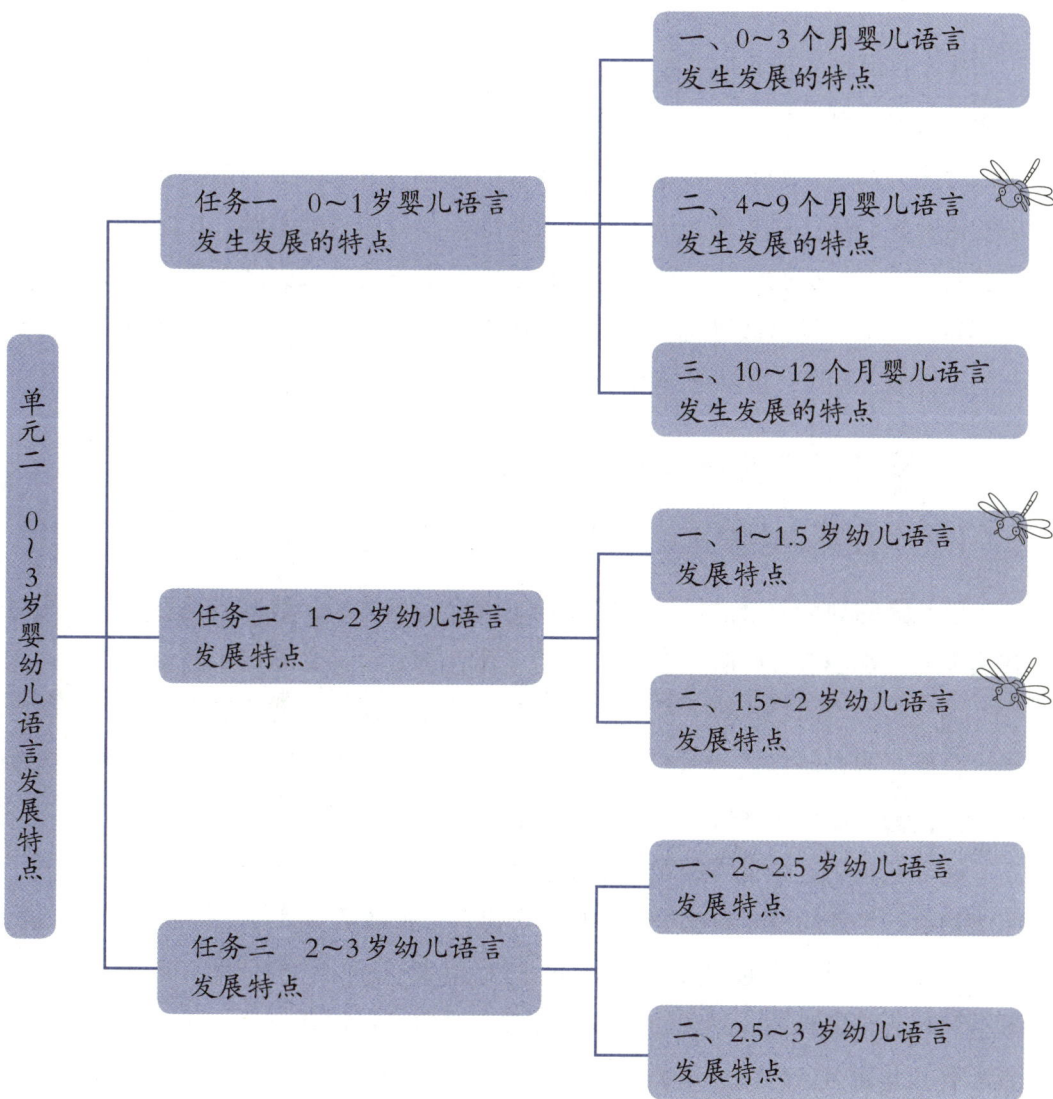

单元二 0～3岁婴幼儿语言发展特点

任务一 0～1岁婴儿语言发生发展的特点
- 一、0～3个月婴儿语言发生发展的特点
- 二、4～9个月婴儿语言发生发展的特点
- 三、10～12个月婴儿语言发生发展的特点

任务二 1～2岁幼儿语言发展特点
- 一、1～1.5岁幼儿语言发展特点
- 二、1.5～2岁幼儿语言发展特点

任务三 2～3岁幼儿语言发展特点
- 一、2～2.5岁幼儿语言发展特点
- 二、2.5～3岁幼儿语言发展特点

任务一　0~1岁婴儿语言发生发展的特点

婴儿自呱呱坠地起便开始了语言学习，在掌握语言之前，有一个较长的语言发生准备期。可以说，出生后的第一年是婴儿语言发生的准备阶段，我们把这一阶段称之为前语言期或语言准备期。婴儿的前言语阶段，是一个在语言获得过程中的语音核心期。婴儿感知语音的能力是他们获得语言的基础。在此期间婴儿不仅能听到声音，还能以某种能够帮助自己学习语言的方式去感知语言。婴儿自第一声啼哭到咿呀学语做好说话的准备，经历了大量的发音练习，根据前语言期婴儿的发音准备特点，主要可分为3个阶段。

一、0~3个月婴儿语言发生发展的特点

（一）在哭叫中发声，基本上是反射性发音

婴儿降临到世界上的第一声啼哭标志着脱离母体后，他开始独立呼吸，同时代表婴儿肺部膨胀，呼吸系统正式开始工作，这是一种必不可少的生理反应。在婴儿的哭声中有时会出现"a、o、u、e"等韵母，这些发音不需要唇舌的复杂运动，只要一张口，气流冲出口腔，这些音就发生了。这个阶段的发音是婴儿的本能行为，天生聋哑的婴儿这个阶段也能发出这些音，因而称为反射性发音。

在婴儿来到这个世界的最初几个月中，他们还不会使用语言，主要依靠哭声来表达自己生理的需要和感受，并与他人建立一种联系。哭对于新生的宝宝来说，是最重要的与世界沟通的方式。他们通过啼哭来寻求父母的帮助，还通过啼哭来表达情绪、消耗精力。到了2个月的时候，哭的声音逐渐分化，成人通过哭声来判断婴儿是饥饿、疲倦、烦躁还是不舒服等。由于饥饿、疼痛等不同刺激所反映出来的哭声在音响度、音调上有所区别，成人需要多观察来"破解"婴儿哭的信号。每个婴儿喜欢的安抚方式也有所不同，成人可以多做尝试，寻找一下婴儿喜欢的安抚方式。

拓展学习

婴幼儿哭声的鉴别

哭啼是婴幼儿时期表达意愿的一种形式，也是一种本能性运动的辅助形式。细心观察和正确鉴别婴幼儿的哭声，是提高母婴保健工作质量的一

拓展学习

项重要措施。我们通过多年工作观察总结，按哭啼产生的不同原因，把婴幼儿哭啼分述如下。

婴幼儿正常的哭啼，一般哭声洪亮，四肢运动正常，哭时面色红润有眼泪，体温正常。新生儿娩出后立即哭啼，可使肺组织迅速膨胀，建立自主呼吸。随着年龄的增长，大脑皮层逐渐发育完善，哭便渐渐地和婴幼儿的情绪需要相关联。

饥饿性哭啼：哭声洪亮，面色正常，哭的声音逐渐变弱，在哭啼间隙中可见婴儿有吸指啃拳动作及哼哼声，喂哺后哭声立即停止。若遇天热、喂食过浓引起婴儿口渴时，也会出现类似饥饿样哭啼。

需求性哭啼：哭声有力，面色发红，连续哭啼，并伴有不适部位的肢体扭动。常在护理不当的时候发生，如养成让人抱的习惯，衣着过紧或粗硬，尿布潮湿，过冷过热或亲人离开，环境条件改变等情况，婴幼儿通过哭声来表达其需求。

要挟性哭啼：有意识地哭，哭声时大时小，有人时大声哭并伴有耍赖动作，以此表达其希望他人满足某种要求。

惊吓性啼哭：忽然哭喊，哭声急，声调高，同时伴有惊恐表情，在受到强烈声响刺激或害怕时出现。

大便前啼哭：因肠蠕动加剧腹痛所致。哭声有力，时间短促，面部涨红，多数可听到吭吭的用力声。

睡前啼哭：因疲劳而哭啼。婴儿紧闭双眼，有时会突然睁开，声音由大变小，由强变弱，面色正常，有少量眼泪，哭哭停停，时间长短因人而异，一般不超过20分钟。

其他：强迫进食、睡眠不足、断奶、出牙等均会导致婴幼儿哭啼。

生理性哭啼的保健要点：保持居室安静，注意调节室温，减少各种刺激。婴幼儿的哭啼伴面色发绀时应及时吸入氧气，有高热者给予物理降温。

（资料来源—姜梅芳，胡宝岚：《婴幼儿哭声的鉴别》，载《中国社区医师》，2015年第16期。）

（二）能发出一些简单的音节，多为单音节

0～3个月的婴儿发音一般以单音节为主，因此这个时期的发音一般被称为单音节阶段的发音。在婴儿1个月的哭声中，尤其是当他的哭稍停一下的时候，会有"ei""ou"的声音。2个月左右，婴儿在吃饱睡足时会发出"ai""e""hai""ou""hai-i"等声音。基本的韵母发音相对较早，声母的发音在这个阶段还很少，主要有"h"音。这些音大多是一张嘴气流从口腔中出来而发出的，只是随着嘴巴张开的大小变化而形成不同的音。此时这种声音已经不完全是噪音，但是元音和辅音还是很少分化，基本还是由婴幼儿的先天因素引起。婴儿的发音器官还不成熟，舌部、唇部等较多的音在这个阶段都还没有。据研究发现，聋儿在3～4个月，甚至6个月前都会发出上述的声音反射。可见这时候的发音，并不是后天习得的。

表2-1　两个月婴儿的发音[①]

a	ai	e
ei	hai	ou
ai-i	hai-i	u-è

虽然在这个阶段中，婴儿并不明白成人各种语言的意义，但是成人应该尽可能多地给予婴儿语言方面的刺激，有利于婴儿练习发声。成人要经常用轻柔、舒缓的语调和孩子说话，告诉婴儿自己在做什么，他在做什么。如"宝宝，你在洗澡，舒服吗"，"宝宝，我是妈妈，妈妈在给你洗澡"等。这样不仅能给婴儿一定语言方面的刺激，激发婴儿发音的主动性，而且能促进亲子关系的良好发展。

（三）听觉敏锐，具有一定的辨音水平

听力是婴幼儿语言发展的基础。没有听力，婴幼儿对成人语言的模仿就无从谈起。近年来国内外的一些研究表明，胎儿早在5～6个月就具备了听力。胎儿可听到妈妈的说话声、呼吸声、心跳声，以及外界传入的声音。出生12天的新生儿能以目光凝视或转移、停止吮吸或者连续吮吸、停止蹬腿或者连续蹬腿等身体行为，对说话声音和敲击物体声音的刺激作出不同的反应。1个月左右的婴儿能够对男人和女人的声音、抚养者和不熟悉者的声音作出明显不同的反应。2个月的婴儿

---

① 张明红：《学前儿童语言教育》，132页，上海，华东师范大学出版社，2006。

开始对家长的引逗、说话、微笑、做鬼脸等发出声音，作出反应。听到新奇的声音时，婴儿也会转头注视。

成人应尽可能地满足婴幼儿的"听音"需求。在孕期，准爸爸和准妈妈可以对宝宝进行听力刺激的胎教。比如，和肚子里的宝宝多说话，通过声音宝宝能分辨出说话的是爸爸还是妈妈，这些熟悉的声音会使其心情愉悦。准妈妈可以多听一些柔美欢快的音乐来刺激宝宝的听觉发育。成人可经常对着婴儿不同侧的耳朵说话，让他感受声音来自不同方向。成人还可以利用手摇铃、铃铛或挤压能发出声音的玩具，睡前倾听摇篮曲等，训练婴儿的有意倾听能力。

（四）在面对面的语言交际中产生反应，出现语言交际的雏形

婴幼儿用不同的哭声表达他们的不同需要，吸引成人的注意，这是前语言交际的第一步。大约2个月时，婴儿会在生理需要满足之后，对成人的引逗和语言刺激报以微笑，用声音或用身体的同步动作予以应答，好似在和成人"交谈"。3~4个月的时候，婴儿会出现与成人轮流"说"的倾向，即成人说一句，婴儿会发几个音，成人再说几句，婴儿会再次回应几个音。这种语言交往的对话规则的雏形，表明婴儿开始敏锐地观察人们语言交往的基本要求。婴儿也逐渐学会不同的语调，并伴随着一定的动作来表达自己的态度，如妈妈长时间外出回来时，婴儿会咧嘴表现出委屈的样子，不断发出"a"的音。

这一时期应尽可能多地对婴儿说话，与他们交流，并对婴幼儿的发音行为产生应答。在与婴幼儿的交流中应该更多的是面对面的交流，因为成人发音时口腔的活动、面部表情、语速语调等都是孩子们理解语言、模仿语言的重要刺激因素。要通过及时的应答强化来鼓励婴儿进行发音行为。

二、4~9个月婴儿语言发生发展的特点

（一）开始咿呀学语，出现重复的、连续的发育现象

大约从4个月起，婴儿的发音出现了明显的变化。声母新增加了"b""d""g""p""n"等音，韵母增加了"ong""eng"等音。这个时期婴儿能够发出"a-ba-ba-ba""da-da-da""na-na-na"等连续音节，因此在婴儿4~9个月时期的发音又被称为连续音节阶段。这时的连续音节主要是同一音节的连续重复发出，其中主要是"a"和"b""d""m""n"合成的音节，如"ba""da""ma""na"，还有"h"和"ai""ei"合成的音节"hai""hei"。自6个月以后，婴儿开始有近

似词的发音，有的音开始具有某种意义。如"ma-ma-maba"，这些与言语多音节组合非常相似。

成人可用强化、鼓励等方法引导婴幼儿发音。提供频繁的语言刺激，可以增加婴儿的发音率。还要有意识地给婴幼儿增加口腔方面的练习，复杂的嘴部运动可以促进婴幼儿口腔器官的良好发育，帮助婴幼儿发音更清晰，学习语言的速度更快。成人还应使用准确、通俗易懂的语言与婴幼儿面对面交流，方便婴幼儿观察其口型，通过模仿、强化促进正确发音。

> **活动视频**
>
> 　　仔细观看视频 2-1-1，想一想视频中的婴儿体现了该月龄段婴儿的哪些发音特点。
>
> 视频 2-1-1

（二）对周围人们的言语行为能作出相应的反应

4 个月以后的婴儿头部一般能够完全挺立，听到声音就会转过去，成人用玩具引逗时能有明显的笑声，可见婴儿已经懂得和成人进行语音交往。5 个月的时候，当成人和婴儿交流的时候，婴儿会用牙牙学语似的声音来回应。大概 6 个月之后，婴儿能够感知三种不同的语调（愉悦的、冷淡的、恼怒的），当听到前两种语调时，他们会微笑或者反应平淡；而听到恼怒的语调后，无论实在的语义如何，他们或者愣住，或者紧张害怕，或者哇哇大哭，躲入母亲的怀抱。对熟悉的声音，婴儿会报以微笑；对陌生的声音，则会瞪大眼睛仔细聆听，表现出好奇心，他们还能够根据情境，理解简单的词语、手势和命令等。可见，这个阶段的婴儿"理解"语言的水平又提高了。

在日常生活中，成人可以随时随地对婴儿进行听说方面的全面渗透教育。例如，喝水前，家长对婴儿说，"用小手试一试水杯，不烫了再喝"。家长教婴儿伸出小手轻轻地摸一摸水杯的温度，然后告诉他是烫的，还是不烫，这样可以训练婴儿建立语音和感受之间的联系。成人还可以有意识地带婴儿玩一些语言游戏，或念唱儿歌，尽量提供各种不同的声音，来丰富婴幼儿的语言环境。

活动视频

　　仔细观看视频 2-1-2，想一想视频中的婴儿体现了该月龄段婴儿的哪些发音特点。

视频 2-1-2

（三）常说出一连串成人听不懂的"小儿语"

　　这一阶段婴儿的咿呀学语开始发生变化，变成一种相当复杂而又独特的形式，令成人难以听懂。我们把这些听起来似乎含有提问、发出命令和表达愿望等不同意思的话语称为"小儿语"。有趣的是，婴儿表达出的"小儿语"具体是什么意思谁也听不懂，但当把同龄婴儿放在一起时，则发现他们用这些难懂的"小儿语"交流得很愉快。婴儿独自玩耍时，会悄悄练习一些发音，试图把嘴部运动和某种语言联系起来，来吸引别人的注意。

　　成人要更多地和婴儿对话聊天，多多地为婴儿储存语言信息，并经常唤醒这些信号，让他们学会口头语言，如"睡觉喽""脱掉鞋子""出去玩喽""坐好，等妈妈喂水"。或者在洗手时和孩子说："伸出右手搓一搓，再伸出左手，再搓一搓。"这样和实物、情景相联系的语言引导，对婴儿学习口头语言效果更好些。在与婴儿进行语言交流时，父母应该多用笑声和音乐去刺激婴儿，使得"谈话"更加轻松和有趣。在这样一种轻松舒缓的环境中，更能激发婴儿语言表达的欲望。

活动视频

　　仔细观看视频 2-1-3，想一想视频中的婴儿体现了该月龄段婴儿的哪些发音特点。

视频 2-1-3

三、10~12个月婴儿语言发生发展的特点

（一）出现声调，音节更加丰富，说出第一个有意义的单词

10~12个月婴儿处于学说话的萌芽阶段。随着婴儿口腔发音器官的发育和脑的成熟，生理的发展为他们提供了更多的形成各种声音的空间。婴儿进入一个更为复杂的时期，他们能够发出一连串不同的辅音加元音的音节，如声母"x、j、q、s、z"也开始出现；婴儿能发的近似词增多，如"jie-jie、mao-mao、nai-nai"等；他们的发音形式也更接近汉语的口语表达，有重叠音和升调，似乎在说某个句子；婴儿的发音往往伴随着语调和词语所处的整个情境，他们竭力模仿成人的发音，使自己的发音接近某些词语发音。大约从12个月开始，婴儿会说出第一个有意义的单词，这是婴儿语言发展过程中最为重要的里程碑。

在日常生活中成人要给婴儿提供模仿发音的机会，让婴儿学会倾听和模仿，并有意义地使用语言。频繁的语言刺激有利于扩大婴儿的词汇量，给婴儿提供更多的模仿发音的机会。

（二）语言的理解水平和交际能力提高，但缺少概括性

在自然情境中，如果婴儿对语言刺激作出合适而又恰当的反应，即可判定婴儿对该话语已经理解。有研究表明，婴儿从9个月左右才开始真正理解成人的语言。如"门在哪里？"婴儿能够把目光或头转向门的方向，甚至将整个身体转向门的方向，这是婴儿真正理解语言的一种表现。这个阶段的婴儿可以听懂成人连续的简单指令，并建立相应的动作联系，有时候那些不是对他们说的某些词，婴儿也会作出反应。如当宝宝抹完面霜，妈妈问："宝宝香不香？"宝宝会"吧嗒"嘴巴表示"香香"，而这时候宝宝理解的"香"是吃饭香。虽然该阶段的婴儿能够建立起语言与具体事物之间的单一联系，但是他们的理解还是和成人不同，换言之，他们可能只是部分地理解了成人词语的含义，缺乏概括性。从1岁开始，他们所指事物的意义也只是部分与成人重合。

因此，在这个阶段中成人应该采取多种方法帮助婴儿建立具体事物、语音和语义之间的联系。如在给孩子看图片、讲故事时，成人可以将孩子抱坐在自己的膝盖上，和孩子进行"平行式"阅读。内容最好是动物、人物、玩具等孩子较熟悉的事物。对书中的文字和画面采取"点读"的方法，以训练婴儿手眼协调和有意注意能力，让孩子更快地建立具体事物、语音和语义之间的联系。

任务二 1~2岁幼儿语言发展特点

经历了近一年的语言准备阶段，当婴儿在1岁左右能够说出被理解的词时，标志着他已经进入了语言的发生期。从出生到18个月是婴幼儿语音发展的关键期，随着婴儿的听力越来越灵敏，发音器官越来越成熟，婴儿能够辨认、理解、记忆及模仿周围成人的语音和语调，为今后语言的发展奠定基础。在这一阶段中婴儿由最初的咿呀学语发展到说出词语，从单词句到双词句，直到开始说一些复合句。它具体分为下述两个阶段：1~1.5岁的单词句阶段；1.5~2岁的双词句阶段。

一、1~1.5岁幼儿语言发展特点

（一）以词代句，具有情境性

随着发音器官的逐渐发育完善，这个阶段的幼儿已经正式开始学说话了。由于幼儿往往会用一个单词表示句子，因此该阶段我们又称之为单词句阶段。单词句阶段的幼儿常会说出一个单词来表达许多不同的含义。如幼儿说"水"这个词可能就反映出多种意思，有可能是他想喝水，有可能是他看到别人在喝水，也有可能是他看到了水龙头里流出的水等。这时候幼儿的语言有高度的情境性，成人需要把幼儿说话时附加的手势、表情、体态等许多的情境作为参考的因素，来判断其语言的真正含义。

成人要用日常生活中的有意识训练来开发幼儿的语言能力，利用生活中简单常用的语言，慢慢引导其说完整的句子。例如，在给幼儿喂饭的时候，可以先让他摸一摸他的小碗，问问他什么感觉，然后告诉他"真烫，妈妈给你吹一吹"，再摸一摸，"是不是凉啦？可以吃啦"，这样就形成了条件反射，在以后自己做或者别人做的时候，幼儿就会这么说了。

活动视频

仔细观看视频2-2-1，想一想视频中的幼儿体现了该年龄段幼儿的哪些发音特点。

视频2-2-1

（二）语言的理解能力迅速发展，以名词和动词为主

在这一阶段，幼儿语言理解能力发展较快，他理解的词语量快速增加，但是会说出的语词相对较少，也就是说，他对语言的理解多于对语言的运用。幼儿所能理解的词语以名词和动词为主，主要是幼儿身边所熟悉的事物，如家用物品、人物的称谓、动物的名称和特征较明显的身体器官的叫法等。还有表示身体动作和意愿的一些动词，如"抱""走""不""要"等。这一阶段的幼儿对成人命令式的语言能理解并执行。对成人具有方向性的命令式语言，不用凭借动作或面部表情就可以完全理解。

活动视频

仔细观看视频 2-2-2，思考视频中幼儿的表现反映了语言发展的哪些特点。

视频 2-2-2

（三）语言的表达能力发展缓慢，且发音不准

1 岁的幼儿似乎没有了以前热情的咿呀声，并且越来越沉默，就连以前已经学会的几个简单的词很多时候也不愿意说了，他们往往只用手势和动作示意，独处时也没有了以往的自发发音，婴幼儿的发音热情进入沉默期。为什么会出现这种现象呢？有学者认为，这是语言发展过程中的一个规律，在沉默期，幼儿主要通过"听"来提高语言能力，通过一定的"听"的积累，幼儿的语言才能达到质的飞跃。也有学者认为，这个阶段正是幼儿粗大动作发展迅速阶段，语言中枢的成熟变得缓慢和被抑制了，从而导致沉默现象的出现。在幼儿通常表达的简单的词中，往往发音不是很清楚，也不太标准，这和婴幼儿的发音器官不成熟有很大的关系。如经常把"哥哥"发成"de-de"，"姑姑"发成"du-du"等。

（四）会给常见的物体命名，词义准确性低

在词汇能力方面，以声音代物是 1 岁半以前的婴幼儿说话的一个明显的特点。如把猫称为"喵喵"，把狗称为"汪汪"，或者用某种声音代表人的某种活动，如"呼呼"声代表睡觉，"嘘嘘"声代表尿尿。物体或活动的鲜明特征，容易吸引婴

幼儿兴趣，也容易被婴幼儿记住。婴幼儿在命名和使用新词时，对词的理解常常出现以下几种现象："词义泛化"，例如，婴幼儿常用"毛毛"代表所有带皮毛的动物或用毛皮做的东西；"词义窄化"，例如，婴幼儿最早理解的"车车"就是指自己的玩具车，而不是所有的交通运输工具；"词义特化"，例如，一个幼儿尿床了，妈妈过来给他换被褥，说了一声"糟糕"，以后幼儿每当小便时就会说"糟糕"。由此可见，这个阶段的幼儿对词义的理解还是片面的，准确性低。

总而言之，1周岁以后是幼儿正式学习语言的阶段，也是幼儿语言发展的关键时期。此时成人应该给予及时的引导，帮助幼儿掌握新词，扩大词汇量；要有意识地训练宝宝说完整话；要尽可能地利用一切机会多和幼儿说话，给幼儿创造说话的空间，发现语病及时纠正，帮助他慢慢把话说完，不要着急替代孩子说话；当幼儿问话时，成人要立即回答，让他逐步学会有问有答；继续开展早期阅读活动，促进幼儿的阅读兴趣和阅读能力的提高。

二、1.5~2岁幼儿语言发展特点

（一）出现罕见的"词语爆炸"现象，双词语快速增长

婴幼儿语言的学习主要体现在词汇方面，这个阶段的幼儿掌握新词的速度突飞猛进，不仅理解的词汇数目和种类与日俱增，而且对词汇的理解能力也不断提高。2岁左右能说出300个单词，因此这一时期又被称为"词语爆发时期"。词汇量的迅速增长，使幼儿具备了进一步发展口语的能力。20个月左右，幼儿开始出现双词句。双词句一般是双词组合，多为名词、动词。如"妈妈抱抱""爸爸班班""宝宝饭饭"，这些话听起来就像我们发电报时所采用的省略句，因此又被称为"电报句"。"电报句"是幼儿自己创造语言的最典型样品。大约从20个月起，幼儿每个月双词句成倍增长，21个月时幼儿的双词句是50个，22个月时是100个，23个月则增长到250~500个，到幼儿2岁时，双词句则达到将近1000个。

阅读图画书是幼儿习得新词的一个重要途径。幼儿在学步期间学的词汇会影响他们日后在学校时的表现。成人可以为幼儿选择图文并茂的图画书，让其在阅读的过程中产生对文字的兴趣。阅读不但为幼儿提供了字词学习的机会，而且也为父母和幼儿提供了交流的极大乐趣。

活动视频

仔细观看视频 2-2-3，想一想视频中的幼儿体现了该年龄段幼儿的哪些发音特点。

视频 2-2-3

（二）言语理解逐步摆脱具体情景的制约，并更为确切和独立

此时的幼儿能够完全脱离具体情境，准确地把词与物体或者动作联系起来。可以说幼儿进入了真正理解词语的阶段。如幼儿原来只有坐到桌子前，看到食物，才能理解妈妈说的"吃饭"的含义，现在能够脱离"吃饭"这个场景，只要妈妈说"吃饭"，他就能够明白是要吃饭了。随着对词的理解加深，词的称谓功能开始形成，如妈妈命令宝宝把小卡车拿过来，此时的幼儿能够在一堆玩具车中挑选出小卡车，而不是把所有带轮子的车都认为是卡车。随着幼儿对词义理解的加深，词的概括性也逐渐形成。如幼儿已经由只认识穿红色衣服的娃娃，过渡到把穿不同颜色衣服的娃娃都叫娃娃，"娃娃"一词就由具体变成概括了。幼儿理解词语不再受到物体的非本质特性干扰，变得更为确切和独立。

（三）喜欢提问，语言上出现"反抗行为"

随着幼儿心理和行为上的"独立"意识越来越强烈，幼儿在语言表达上逐渐显示出自主性和反抗性。他们喜欢不断地向成人提问，总是要求成人告知他各种事物的有关信息，如名称、特征、用途、构造等，这实际上也是幼儿语言学习的一个途径。成人应正确对待幼儿的提问和讲述，尽可能耐心地对问题作出回应，若不能回答也应给出适当的理由。这个时期，幼儿使用的语句中开始出现疑问句和否定句的萌芽。疑问句表现在提问上，否定句则表现在反抗上，常常把"不"挂在嘴边。如妈妈让宝宝喝水，"宝宝，来，快来喝点水"，孩子嘴上会说着"不"，却会颠儿颠儿地跑过来，让妈妈喂水。

（四）出现代词"我"的使用

伴随着幼儿自我的发展，他们理解了"我"是指自己，于是开始学会使用代词"我"来称呼自己，一些幼儿在 18～19 个月出现这种情况，但大多数幼儿都出现在 20～23 个月。幼儿说话会由"宝宝吃"慢慢变成"我吃"等。

活动视频

　　仔细观看视频 2-2-4，想一想视频中的幼儿体现了该年龄段幼儿的哪些发音特点。

视频 2-2-4

任务三　2~3岁幼儿语言发展特点

2~3岁是幼儿语言发展期，从这时候开始一直到入学前是幼儿基本掌握口语的阶段。他们在掌握语音、词汇、语法和口语表达能力方面都较前一阶段有明显进步。他们开始逐步用语言来表达自己的需要，喜欢与人进行语言交流，爱念儿歌、爱听故事，并能记住一些主要的故事情节。能够掌握基本的词法，且词的种类和数量迅速增加。总之，语言正式成为这一阶段幼儿社会交往和思维的一种工具。

一、2~2.5岁幼儿语言发展特点

（一）基本上能理解成人所用的句子

在语言的发展中，幼儿在能够说出某种结构的句子之前，就已经能够理解这种句子的意义了。在此阶段，幼儿对词的理解能力迅速提高，幼儿能理解的词汇达到900多个，词的泛化、窄化和特化现象明显减少，对词义的理解也日益接近成人用词的含义。词的概括性程度进一步提高，能够主动说出他们熟悉的事物。但是对某些词汇，在理解上还具有直接性和表面性，理解起来比较困难。如成人对幼儿说"你笑得可真甜呀"，幼儿会问"比糖还甜吗"。他们无法理解词的隐喻和转义。整个学前时期，幼儿对词义的完全理解还是有困难的。

（二）语言逐渐稳定和规范，发不出的语音逐渐减少

随着幼儿发音器官逐渐成熟，在发音方面的困难日渐减少，在良好的语音环境下，发音逐渐趋于准确。幼儿发出唇音已经没有困难，但对声母的正确发音率较低，主要是因为对一些方法还没有掌握，某一发音不会运用。该阶段幼儿经常不能掌握某些声母的发音方法，会把"老师"说成"老司"，"姑姑"说成"嘟嘟"。但凡需要舌头参与的音，尤其是舌尖，"zh、ch、sh、r"等发音有困难。幼儿的发音还受方言的影响，如贵州某地区的方言中"n""l"发音不分，幼儿会把"刘"发声成"牛"，"奶奶"发声成"lailai"。成人应该有意识地使用普通话与幼儿交流。

（三）能够运用多词句和简单句，复合句也初步发展

幼儿句子结构的发展从不完整句到完整句，再到复合句。复合句是指由两个或者两个以上意思相关联的单句合起来而构成的句子。一般从2岁开始，幼儿能说出极为少数的简单复合句。如"我喜欢小猫，不喜欢小狗""妈妈抱抱，出去玩玩"。在幼儿所使用的句子中，简单句占90%左右，复合句占10%。幼儿使用的复合句大多不是完全复合句，结构简单而松散，多由几个单句并列组成，往往使句子意义不明确，听者必须结合说话情境才能理解。

（四）疑问句逐渐增多

2岁左右是幼儿疑问句的主要产生期，幼儿脑袋里装满了小问号，喜欢问东问西，"为什么"成了他们的口头语。2岁4个月到3岁是幼儿疑问句的快速发展时期。在这个阶段，幼儿的提问更加多元化，也表现出更多的层次，不仅会问"呢""哪里"等2岁前喜欢问的问题，而且会出现反复疑问句："什么""谁""如何""什么时候""为什么"等。疑问句在幼儿成长的社会化过程中具有十分重要的地位。疑问句的出现可以提高幼儿理解话语，搜索和重组知识，表述自我的思想感情等多方面能力。

拓展学习

回答婴幼儿"为什么"的4个小妙招

随着婴幼儿年龄增长，生活经验不断丰富，问题越来越多。"为什么白天出来太阳，晚上出来月亮呀？""为什么小狗用四条腿走路，我们用两条腿走路呀？""小鸟为什么会飞？""为什么我们用的水一开水龙头就有呢？""为什么我们要住在有墙有窗户有门的房子里呢？""星星为什么一闪一闪的？""老虎和你，谁厉害？"……有些简单问题我们能及时回答，但有些问题却使我们猝不及防，不知如何回答，既怕打击婴幼儿的积极性和求知欲，更怕草草回答误导孩子。

爱因斯坦曾说过："我并没有什么特殊的才能，只不过是喜欢寻根问底地追究问题罢了。"简单的话语道出了创新的真谛：好奇心、问题意识和锲而不舍的探求。那么，面对"好奇"又"好问"的婴幼儿，该怎么办呢？

1. 保护和鼓励

对于婴幼儿无止境的提问，不要因为婴幼儿问得过多就觉得很烦，教师或家长消极的态度会扼杀他们学习的积极性，时间久了，婴幼儿会因为

拓展学习

成人嫌烦的态度而不敢再提问题。成人应爱护和保护婴幼儿爱提问的天性。因为婴幼儿喜欢追问为什么，是他们进行独立思考的第一步。提出问题，就代表婴幼儿正在开动脑筋。如果成人能保持耐心、注重培养的话，对今后婴幼儿独立思考、学会解决问题会有很大帮助。

2．适时引导

有的时候，婴幼儿反复提出同一个问题说明什么呢？说明成人的答案并没有解决他们的疑惑。当婴幼儿再次提出问题的时候，不妨反问婴幼儿"你认为呢""你觉得是这样吗"，启发婴幼儿把自己的想法说出来。有时候，婴幼儿提出问题时，心中已经有了答案。这个时候，成人的反问更能促进婴幼儿积极主动地思考，整合自己的想法。成人也可以引导婴幼儿，让他自己去寻找答案，这样有助于帮助婴幼儿养成良好的学习习惯，发挥其主观能动性。

3．考虑到婴幼儿的认知水平

当婴幼儿问"为什么"的时候，成人尽量简单地来回答婴幼儿的问题，毕竟婴幼儿的认知是有限的，过于复杂的道理他们并不能听明白。比如，婴幼儿问"为什么花儿都在春天开？"，成人可以直接告诉婴幼儿是因为春天阳光更充足，春天是万物复苏的季节，不用长篇大论，婴幼儿有兴趣会接着问下去。不管婴幼儿提出的问题太小儿化还是与生活太远，成人都要认真对待，因为对婴幼儿来讲，那或许是在他的心中萦绕了很久、思考了很长时间都没有想明白的一个大问题。成人回答出来后，婴幼儿的认知就提高了一个台阶，就会去思考更深入的问题，而不是长久徘徊在老问题上。

4．父母走下"神坛"

在生活中，婴幼儿经常会问"我是从哪里来的""鸟儿为什么会飞"等问题，这个时候呢，父母既不能不答，也不能乱答，最直接也最简单的方法是借助网络和书籍用趣味性的科学故事告诉他。带着婴幼儿一起查找答案的过程，其实是在向婴幼儿传达一种求实好学的精神，也是在教婴幼儿一种学习方法，当这些潜移默化地渗透到婴幼儿头脑里的时候，就能够增强其探索的信心，婴幼儿也能够保持好奇心，继续其追问的"旅程"，逐渐学会科学地寻求答案。

（五）语言的交际功能明显增强

幼儿需要与成人沟通，在沟通与交流中，幼儿的词汇量迅速增加，口语表达能力日渐提高。这个阶段的幼儿，你、我、他的观念开始建立，能了解词语所代表的意义，准确地建立物与人的联系。鉴于这样的基础，婴幼儿能够使用语言与人交往，且意识明显加强。2~2.5岁幼儿已经掌握一些最基本的语言进行交际。他们能领悟到每样东西都有专有的名称，喜欢追着成人问各种事物的名称。开始对故事感兴趣，喜欢重复地听一个故事，也喜欢重复别人的话，并乐意和别人进行对话交往。这段时期幼儿的语言能力和理解能力与以前几个阶段比较，已有很大的发展。成人应该让婴幼儿多看、多听、多说、多练，培养幼儿的正确发音，丰富他们的词汇，提高语言表达能力。

二、2.5~3岁幼儿语言发展特点

（一）能说出完整的句子，复合句增加

这一阶段是目标口语初步发展阶段，也称为复合句阶段。幼儿的单词句、双词句这一类特殊语言成分已经大大减少，多词句和复合句有较大幅度的增加。3岁时幼儿说出的句子，不但成分趋于完整，而且句子长度明显增加，内容也越来越丰富。一般都能说6~7个字的句子，如"我喜欢天线宝宝"。甚至还能说11~15个字的句子，如"今天妈妈带我去姥姥家了"。然而，幼儿所说的复合句大多是2个简单句的组合，连词还不能熟练使用，如"下雨了，不能出去玩"。

朱曼殊[①]等人以词汇为单位，调查了2~6岁幼儿简单陈述句的平均句子长度，结果见表2-2：

表2-2 2~6岁幼儿平均句长

年龄	2岁	2.5岁	3岁	3.5岁	4岁	5岁	6岁
平均句长（词汇数）	2.91	3.76	4.61	5.22	5.77	7.87	8.39

（二）词汇的数量和种类迅速增加

3岁是幼儿学习口头语言的关键时期。到了3岁左右，幼儿知道的词大概有上千个，使用的词汇量是2岁时的3倍。随着好奇心和求知欲的发展，幼儿变得

---

① 朱曼殊：《心理语言学》，296页，上海，华东师范大学出版社，1990。

好问，对新词语表现出较大的兴趣。除了词汇数量表现出较大的增长外，词类的比例也有明显变化。幼儿使用的词汇仍以名词和动词为主，但比例在减少，而比较抽象的形容词、副词和代词所占的比例显著增加。抽象的连词和数词也有少量增加。这时候幼儿已经能够用常用的形容词、副词等来表述常见物品的属性。如"我喜欢红色的衣服""水太热不能喝"等。在这个时期，幼儿学习语言的积极性非常高，喜欢听故事和儿歌，这些途径能让他学会很多新的词汇和句法。

（三）说话不流畅，表达常有"破句现象"

这一阶段的幼儿经常会出现说话不流畅的现象，有时结结巴巴，有时一句话"破句现象"严重，显得气喘吁吁，往往在不该换气的地方换气，使人担心他是否口吃。实际上幼儿在这个阶段说话不流畅，不一定是语言上的缺陷。他们虽然学到了很多新词，但是要把这些新词有条理地组织成句子说出来，仍有一定困难。语言是思维的工具，此阶段的幼儿思维水平还比较低，说话跟不上思考，想表达的内容在脑子里不能立刻选出恰当的单词或语句，但又急于表达，就变得说话不连贯，看起来好像口吃一样。这是一个正常的、自然的现象，成人要正确看待这个现象。

（四）语言功能日趋丰富和准确

3岁的幼儿能基本掌握简单的语法，并能较好地运用合乎语法规则的简单句子，句子也逐渐转化为完整句，复合句的比例迅速增加，陈述句、疑问句、祈使句和感叹句的句型相继出现。到3岁末，幼儿语言能力飞速发展，其心理活动开始具有概括性，通过语言获得间接经验。如通过故事知道"大灰狼很凶恶""小白兔很可爱"等。幼儿在发音和与成人交流方面基本不存在障碍，但他们语言表达的流畅性和对语法的熟练性还需要进一步提高。成人要鼓励幼儿每天叙述自己身边的事情，要仔细倾听他所描述的每处细节，条理是否清晰、用词是否准确等。总之，对于2.5~3岁幼儿的语言能力发展，家长和教师要充分挖掘幼儿生活环境和社会信息中可以被利用的资源及一切教育因素，促进其语言智力的开发。

学习检测

1. 论述 0~3 个月婴儿语言发生发展的阶段及特点。
2. 试述培养 4~9 个月婴儿语言发展策略，并举例说明。
3. 论述 1~2 岁幼儿语言发生发展的阶段及特点。
4. 试述培养 1~2 岁幼儿语言发展策略，并举例说明。
5. 论述 2~3 岁幼儿语言发生发展的阶段及特点。
6. 试述培养 2~3 岁幼儿语言发展策略，并举例说明。

实践体验

1. 早期阅读是促进婴幼儿获得语言发展的重要途径之一，结合婴幼儿语言发生发展的阶段及特点，查找适合 0~1 岁婴儿的早期阅读材料，并与大家分享交流。

2. 走访早期教育指导机构或者婴幼儿家庭，通过观察，记录一下两名 0~3 岁婴幼儿的语言发展特点实例，并与大家分享交流。

3. 又又今年快 2 岁啦，特别喜欢给家里人讲故事，稀里哗啦地说，不停地说，但是经常发音不清楚，说错话，如把"吃饭"说成"吃换"，妈妈会模仿他的发音，当他说错话时，奶奶会当面笑话他，还批评他。过了一段时间，又又变得一点儿都不喜欢开口说话了。

结合所学讨论又又为什么不喜欢说话了，并给出教养建议。

单元三　婴幼儿保教机构中的语言教育

导言

在本书中，早期教育指导机构和托育服务机构统称为婴幼儿保教机构。

0~3岁是婴幼儿语言发展的关键期，适度的早期教育能够为婴幼儿的语言和性格发展打下良好的基础。随着社会的不断发展，人们生活水平的逐渐提高，国外的早期教育理念传播到中国，大家都开始意识到对婴幼儿进行早期教育的重要性。早期教育机构如雨后春笋般应运而生，发展势头迅猛。2019年5月，国务院办公厅印发《国务院办公厅关于促进3岁以下婴幼儿照护服务发展的指导意见》，明确建立完善促进婴幼儿照护服务发展的政策法规体系、标准规范体系和服务供给体系，多种形式开展婴幼儿照护服务。2019年10月，国家卫生健康委组织制定了《托育机构设置标准（试行）》和《托育机构管理规范（试行）》，进一步明确了托育机构应促进婴幼儿身体发育，动作、语言等方面的全面发展。《中华人民共和国国民经济和社会发展第十四个五年规划和2035年远景目标纲要》明确提出要"发展普惠托育体系，健全支持婴幼儿照护服务和早期发展的政策体系"。婴幼儿保教机构的发展即将迎来春天。

本单元讲述了婴幼儿保教机构语言教育活动的特点与目标，分析了保教机构语言教育活动的形式与内容，说明了保教机构婴幼儿语言教育活动实施的原则。

学习目标

1. 掌握婴幼儿保教机构语言教育的目标。
2. 领会婴幼儿保教机构教育与家庭教育的关系。
3. 掌握婴幼儿保教机构语言的内容。
4. 了解婴幼儿保教机构语言的实施原则。

知识导览

```
                                                ┌─ 一、婴幼儿保教机构语言
                        任务一  婴幼儿保教机构     │   教育的总目标
                        语言教育的目标  ──────────┤
                                                └─ 二、婴幼儿保教机构语言
                                                    教育的年龄阶段目标

单元三                                            ┌─ 一、婴幼儿保教机构语言
婴幼儿                   任务二  婴幼儿保教机构       │   教育的内容
保教机                   语言教育的内容  ──────────┤
构中的                                            └─ 二、选择语言教育材料的
语言教                                                注意事项
育
                                                ┌─ 一、早教机构中实施语言
                                                │   教育的原则
                        任务三  婴幼儿保教机构     │
                        语言教育的实施与指导 ──────┼─ 二、托育机构中实施语言
                                                │   教育的原则
                                                │
                                                └─ 三、婴幼儿保教机构语言
                                                    教育的方法
```

任务一　婴幼儿保教机构语言教育的目标

婴幼儿保教机构一般包括婴幼儿托育服务机构和早期教育指导机构。

托育服务机构是指由社会组织、企事业单位或个人举办，面向0～3岁特别是2～3岁幼儿实施保育为主、教养融合的婴幼儿照护机构，可分为全日托、半日托、计时托、临时托等，幼儿园托班及保育院也包含在内。托育机构坚持以幼儿发展为本，保中有教，教中重保，为家庭提供支持性服务。

托育服务机构因其接收入托婴幼儿年龄小、能照顾婴幼儿的日常生活、收费相对低廉而受到家长们的青睐。党的二十大报告再次提出"幼有所育"，"十四五"规划也提出，要积极发展多种形式的婴幼儿照护服务机构，鼓励有条件的用人单位提供婴幼儿照护服务，支持企事业单位和社会组织等社会力量提供普惠托育服务，鼓励幼儿园发展托幼一体化服务。推进婴幼儿照护服务专业化、规范化发展，提高保育保教质量和水平。每千人口拥有3岁以下婴幼儿托位数由目前的1.8个提高到4.5个。虽然现阶段我国托育机构远远不能满足实际需要，但随着国家各项支持文件的出台，托育机构将蓬勃发展。

早期教育指导机构主要包括两类：一是社区的早教指导中心，一般属于公益性质，定期组织亲子活动并为家庭提供育儿指导；二是民营的亲子园、早教中心等，主要面向0～3岁婴幼儿及其家长，为其提供早期教育服务和帮助。

拓 展 学 习

托育机构在我国曾经有一段蓬勃发展的历史，后来由于各种原因几乎销声匿迹。当下年轻父母大多将婴幼儿交给孩子的祖辈或保姆照料。扫描文旁二维码了解我国托育事业发展现状，思考：国家近些年为什么开始大力支持托育机构的发展？

拓 展 学 习

早期教育指导机构与托育服务机构的区别

1. 教育对象不同

早期教育指导机构（以下简称"早教机构"）强调亲子互动，每次参加活动必须家长与婴幼儿共同参与，其教育对象除了婴幼儿，还有家长；

拓展学习

而托育服务机构的服务对象主要是婴幼儿，需要家长参与情况较少。

2. 教育对象数量不同

早教机构多采用小班化教学的方法，每班约 10 名婴幼儿及其家长，有时更少，每名婴幼儿参与活动的机会较多，更容易得到锻炼和发展；而托育服务机构每班大概有 20~30 个婴幼儿，由于人数较多，婴幼儿的活动参与度就会有所下降。

3. 教育目标不同

早教机构的教育目标是通过指导家长如何进行科学的家庭教育，从而促进婴幼儿智力和能力的发展；而托育服务机构的教育目标则是教师直接照护、指导婴幼儿，培养婴幼儿习得应有的生活、语言表达、社会交往等能力，为今后的学习打好基础。托育服务机构更为关注婴幼儿保育方面的问题。

4. 教学活动的形式和时间安排不同

早教机构采用的教学活动形式比较新颖特别，主要是由教师引导父母或亲属与婴幼儿一起进行各种亲子游戏，并观察婴幼儿，调动婴幼儿各项机能，从而提高婴幼儿的领悟能力、语言能力和行为能力。早教机构对家长的要求较高，需要家长的全力配合。早教机构教学活动多以 3 个月为一个周期，每次家长带着婴幼儿参加活动，活动时间 1~2 小时，每周一两次，家长需要全程陪伴，活动结束后带婴幼儿一起离开。

托育服务机构教学活动模式比较传统，多为集体教学模式兼顾个别指导，以保育为主，教养融合。教学活动时间安排则主要迁就家长的工作需要，以一个学期为一个周期，周一至周五工作日时间，可选择全日或半日，寒暑假时根据家长需要可以灵活安排入托时间。

通过上述资料，我们可以看到早教机构和托育服务机构的不同，但是其实两者并不矛盾，家长可以根据每个家庭的实际情况各取所需。总的来说，早教机构的课程设置比较多元化，亲子参与度高，时间零散且较短；托育服务机构以保育为主，教养融合，可提供全日托管。

一、婴幼儿保教机构语言教育的总目标

制定语言教育的目标，是开展婴幼儿语言教育的关键，对教育效果的实现起着至关重要的作用。教师在组织活动时，必须因材施教，制定的教育目标要与婴幼儿的年龄阶段和已有语言发展水平相符，调动婴幼儿已有生活经验，发展和提高婴幼儿的语言水平。

本书关于婴幼儿语言教育目标的介绍主要借鉴了国家卫生部颁布的《3岁前小儿教养大纲》，其中规定语言方面的教养任务如下：

（1）引导小儿笑出声音，从咿呀学语到掌握一定的词汇，并正确发音。

（2）发展小儿理解语言的能力，逐步懂得一些周围事物中常接触的生活知识。

（3）培养小儿利用语言与大人交往，并表达自己的要求。

（4）通过成年人正确的语言教育，培养小儿的注意观察、思维与记忆等，并培养其良好的道德品质。

其对婴幼儿语言方面制定的目标比较具体，具有一定的权威性。婴幼儿保教机构中语言教育总目标参考制定如下：

（1）喜欢听别人说话，能独立说出完整清晰的句子，发音清晰准确。

（2）能指认日常生活用品并说出名称，能指认并说出自己身体的各个部分。

（3）能运用语言、面部表情和肢体动作与他人进行正常交流，表达自己的想法。

（4）具有一定的观察能力和语言表达能力，能完整地说出自己的见解。

二、婴幼儿保教机构语言教育的年龄阶段目标

3岁以下婴幼儿语言发展阶段性非常明显，保教人员必须对婴幼儿每个发展阶段的语言水平深刻了解，并且根据其阶段特点来设计语言教育活动。《3岁前小儿教养大纲》对语言的发展分月龄提出了具体要求，见表3-1。

表3-1 《3岁前小儿教养大纲》

	语言发展的一般规律	教养内容和要求
1	2个月的婴儿有时伴着微笑能发出声音。	成人要经常和婴儿说话，给他唱歌，或听一些音乐，发展婴儿的听力，引婴儿微笑。
2	3个月左右的婴儿能咿呀学语，逗引时能大声笑，5个月会拉长声发喉音，能将头转向叫名字的人，成人与婴儿说话时，婴儿会有手脚不断活动的反应。	成人在和婴儿讲话时，要引导婴儿牙牙学语，手脚不断活动。培养婴儿对声音的反应，能将头转向发音的方向。引导婴儿用发音回答。

续表

	语言发展的一般规律	教养内容和要求
3	6个月的婴儿能发出比较复杂的声音，用不同声音表示不同反映，能分辨和蔼与严肃的表情和声音。	成人用温柔的声音表示鼓励、用严肃的声音表示禁止，培养婴儿分辨声调。
4	7～8个月能发"爸""妈"等音节，有理解简单语言的能力，如能用眼睛找所问的东西。能做简单的回答性动作，如说再见时知道摆手，不要的东西就摇头。	①培养婴儿理解语言的能力，引起婴儿用语声和动作回答。如指出某一物品，或熟悉的人在哪里，训练婴儿用眼睛找或用手指出。 ②培养婴儿在成人提醒下，做一些简单的动作。
5	9～11个月认识常见的人和物，会模仿叫"爸爸""妈妈"。	①对婴儿进行语言发展的训练，通过日常生活所接触到的物品和动作，使他理解这个单词的意义，并逐步发展对各种声音的模仿。 ②培养婴儿模仿成人的发音，从发单音到随成人重复一些音节，如"爸爸""妈妈""咿咿"。
6	1岁到1岁3个月会用单词表达要求，会主动叫"爸爸""妈妈"。	启发幼儿用单词表达自己的愿望，引导幼儿称呼亲近的人。
7	1岁3个月到1岁半会说一些简单的词，如"再见""给我""不要"等，会说出自己的名字，对不会说的词有时会用表情来代替，认识自己的床位和衣服。	①通过日常生活所接触到的事物，引导幼儿将语言与实物或动作联系起来。 ②利用玩具、看图片及游戏等方式使婴儿发展语言。
8	1岁半到2岁语言逐渐发展，词汇增加，会说由3～4个字组成的短句。2岁时知道常见物名称，喜欢跟着成人学语。唱歌，说歌谣，并且爱重复结尾的语句。	①充实丰富幼儿生活，使他们对周围环境发生兴趣，引导鼓励他们简单地说出周围成人的称呼，人体某部位的名称，日常生活中常见物品的名称，认识托儿所，知道两三种常见交通工具名称，知道两种常见水果、蔬菜，常见动物的名称。 ②培养幼儿正确发音，教幼儿由单词逐步会说由3～4个字组成的短句。 ③给幼儿讲故事、看图片、教简单儿歌，发展幼儿的语言。

续表

	语言发展的一般规律	教养内容和要求
8		④对语言发展较为迟缓的幼儿要做个别指导，要启发、鼓励他们，并多给他们提供练习机会，使其语言发展达到一般水平。
9	2岁到2岁半开始会提问题，会说出完整的句子，能说明一件简单事情，会说简单儿歌，爱听故事、能唱短歌。	①启发幼儿提出和回答问题，避免以手势来代替语言，成人要认真回答幼儿的提问，同时注意培养幼儿的清楚发音，用词准确。 ②通过一日生活各项活动，发展幼儿语言，要创造条件，扩大小儿眼界，使他们多听、多看、多说、多问、多想。除必要纪律外不限制幼儿讲话。 ③通过短时间的语言、作业、听故事、朗诵儿歌、看图讲述，认识社会环境和自然环境等，发展幼儿的语言。
10	2岁半到3岁已能将词连接成有秩序的语言，语言的内容与结构开始复杂起来，同时语言开始成为交际及认识自然现象和社会环境的主要工具。会用简单的词句表达自己的愿望，并能讲述自己的印象，会讲出故事简单情节。	①教幼儿正确地运用词类说出较复杂的句子，鼓励幼儿用语言表达自己的愿望，使语言成为幼儿与成人相互间交往的工具。 ②成人讲话时语言要正确，尽量使用普通话，教育幼儿要富有感情，有表现能力地使用语言，并用语言进行常识教育。 ③语言作业时间逐渐增至10分钟左右，幼儿会背诵简单儿歌，听完故事能讲出简单情节及主要人物，会表演游戏。

参考卫生部《3岁前小儿教养大纲》以及近年上海、北京等地发布的"婴幼儿教养方案""指南"等，编者将婴幼儿保教机构语言教育的年龄阶段目标归纳如下。

表3-2 婴幼儿保教机构语言教育的年龄阶段目标

月　龄	语言发展要点
0～1个月	·有不同的哭声。 ·对说话声很敏感，尤其对高音敏感。
2～3个月	·开始将声音和形象联系起来，试图找出声音的来源。 ·对成人逗引有反应，会发出"咕咕"声，而且会发 α、o、e 音。 ·能辨别不同人说话的声音及同一人带有不同情感的语调。 ·常喜欢咬书或拉扯图书，有时会安静地看图书。

续表

月　龄	语言发展要点
4~6个月	· 咿呀作语，开始发辅音，如 d、n、m。 · 看见熟人、玩具能发出愉悦的声音。 · 叫他名字会转头看，会对着镜子中的像微笑、发音。 · 开始看图书，常抓起书试着放进嘴里。
7~9个月	· 能反复发出"Ma-Ma""Ba-Ba"等元音和辅音，但无所指。 · 试着模仿声音，发音越来越像真正的语言。 · 会试着翻书，喜欢以前听过的故事。
10~12个月	· 能懂得一些词语的意义，如问"灯在哪儿呢？"，会看灯；向其索要东西知道要给。 · 能按要求指向自己的耳朵、眼睛和鼻子。 · 能说出最常用词汇，如"爸爸""妈妈"。 · 出现难懂的话，自创一些词语来指称事物。 · 用动作表示同意或不同意（点头、摇头）。 · 喜欢重复的游戏，例如，再见、拍手游戏、躲猫猫。
13~18个月	· 喜欢重复别人说过的话，能说出熟悉的物品和人的名称和姓名。 · 能用少量语汇表达一定的意思，如说"抱"表示要大人抱抱。 · 开始出现二三个字组成的动宾结构的句子表达意思，如"宝宝吃""妈妈抱""要去"等。 · 能模仿常见动物的叫声。 · 喜欢听音乐，跟着摆动。
19~24个月	· 开口表示个人需要。 · 能按指示行动（2~3件，连续的），如把球扔出去，然后跑去追。 · 说出常见东西的名称（50个）和用途。 · 对声音的反应越来越强烈，喜欢听重复的声音，如一遍又一遍地听一首歌、读一本书等。 · 能说几个字的简单句。 · 能分辨一本书的封面及基本结构，能辨认书中角色的名字，会主动看图说话。
25~30个月	· 听完故事能说出讲的是什么人、什么事。 · 会用几个"形容词"。 · 会用"你""我""他"，会用连续词"和""跟"，会使用副词"很""最"。 · 能说出常见物品的名称和用途，词汇量发展迅速，会使用七八个词组成的句子进行简单的叙述。 · 会背诵简单的儿歌，且发音基本正确。

续表

月　龄	语言发展要点
31～36个月	·会问一些关于"是什么""为什么""是谁""在哪里"的问题。 ·在成人引导下，理解故事主要情节。 ·认识并说出常见的物品、动物名称，词汇量较丰富。 ·运用字词的能力迅速提高。 ·能说出有几个词的复杂句子。 ·开始运用"你们""他们""如果""但是"等词。 ·知道一些礼貌用语，如"谢谢"和"请"，并知道何时使用这些礼貌用语。 ·知道家里人的名字和简单的情况。 ·喜欢自己看图画书。 ·会回答简单的问题。

拓展学习

美国教育家朱迪·赫尔与特丽·斯文所著的《美国早教创意课程》中根据0～3岁婴幼儿7个不同月龄阶段的语言发展特点，制定了如下教育目标：

0～3个月	4～6个月	7～9个月	10～12个月	13～18个月	19～24个月	25～36个月
用哭声、咿呀声和面部表情来进行沟通	咕哝、自言自语	咕哝声转变成大声的、有节奏的高低音	用非语言的手势来影响他人的行为	有10～20个词的词汇量	继续使用电报式语言	继续使用电报式语言，每句话包含3～4个词
偏爱人类的声音	模糊地用母语发音	出现辅音	展示语言理解的能力	开始讲"自创语言"	能连起三个词	讲完整的句子，词序自然
咿呀作声	标准化、系统化的元音辅音搭配	通过手势进行交流，多为指物	挥手再见	能连起两个词，使用电报式语言	25%的话能被听懂	展现有效的谈话技巧

拓展学习

续表

0~3个月	4~6个月	7~9个月	10~12个月	13~18个月	19~24个月	25~36个月
大笑	参与成年人发起的互动游戏	会说妈妈和爸爸，但并不能将词和父母联系在一起	说出第一个可辨识的词	经历语言爆发期	用名字指代自己	用"我"而不是名字指代自己
通过微笑和咿呀儿语主动与保育员交流	轮流发起互动		主动发起与成人的游戏	理解大约50个词	在一句话里用3~4个词，理解词汇达到300个，掌握的词汇量达到250个左右	谈论非眼前发生的事物，理解一定的语法，词汇量飞速增加，达到300个左右，喜爱成人为其阅读故事，其间伴以指物、聊天和翻书动作

制定语言教育目标时应该关注的问题：

（1）家长的配合与否会直接影响到活动目标的实现，所以保教人员不仅要指导婴幼儿，而且要指导家长，帮助他们了解科学的育儿方法，才能保证亲子活动的有效进行。只有家长们身正为范，才能在家庭中给婴幼儿施加积极的影响。家长们需要明白，和谐的亲子关系是婴幼儿语言发展的重要前提，随时随地与婴幼儿进行交流，营造温馨民主的家庭氛围，在日常生活中丰富婴幼儿的语言环境，这些都是促进婴幼儿语言发展的重要途径。

（2）制定的活动目标不能是一成不变的，需要根据婴幼儿的个体差异和进步情况做出及时的调整，以适应婴幼儿语言发展的需要。

（3）婴幼儿保教机构的教师要根据活动目标选择恰当的教育内容，选择婴幼儿容易接受的教育方法，才能顺利实现活动目标，达到预期的教学效果。

任务二　婴幼儿保教机构语言教育的内容

保教机构中0~3岁婴幼儿语言教育的开展有多种不同的形式和内容。语言教育形式是否多样，语言教育活动内容设计是否科学，都会直接影响到婴幼儿的语言发展。本任务将对机构中语言教育的内容进行分析和探讨。

一、婴幼儿保教机构语言教育的内容

（一）专门的语言教育

1. 听话活动

听话活动主要是通过锻炼婴幼儿的听觉能力，为他们下一步开口说话做好准备。在婴幼儿年龄比较低，还不具备基本说话能力的时候，听话活动就成为他们主要的语言学习形式。只有婴幼儿会听、爱听，才能把外部语言信息内化为自己能够掌握的语言背景，为下一步的说话做好准备。

案例

听话活动——拍块糕

材料准备：毯子或垫子

适宜月龄：10~12个月

活动过程：

（1）将婴幼儿放在毯子或垫子上，一边做动作一边唱"拍块糕"

拍块糕，拍块糕，（拍手打节奏）

糕饼师傅，（拍手打节奏）

给我拍块糕，（拍手打节奏）

越快越好，（拍手打节奏）

卷一卷，（双手卷一卷）

拍一拍，（拍肚子）

再写一个J，（插入婴幼儿名字的首字母）

放进烤箱里，

给我和杰杰。（指一指婴儿和自己）

（2）观察婴幼儿听歌的反应，提供语言刺激，比如说："杰杰，你笑啦，你喜欢我拍你的肚子吗？"只要婴幼儿兴致不减，就不断地重复这首歌。

2. 说话活动

说话活动是一种有目的有计划地组织婴幼儿学说话的教育活动，是婴幼儿语言教育活动中最重要的环节。婴幼儿语言教育的终极目标就是让婴幼儿具有正常的交际能力，能从容地与人说话、交往。因此，婴幼儿保教机构应该经常组织说话活动，调动婴幼儿说话的积极性，增加婴幼儿的词句储备，发展其语言交流能力。

拓展学习

说话活动方法

（1）多与婴幼儿进行面对面的语言交流。

要争取一切时间尽可能地和婴幼儿交谈，这种注视着婴幼儿的面对面交谈对婴幼儿的语言学习相当重要，婴幼儿可以模仿成人的表情和口型，进而模仿发音。

例如，给婴幼儿一个巧克力，然后告诉他这是"巧克力"，反复和婴幼儿重复"巧克力"的发音，确保他记住后，等他再想要的时候，问他："你想吃什么"，直到他说出"巧克力"，再给他一个。此活动可多次重复进行，还可以提问："巧克力是什么颜色的"或"你要什么颜色的巧克力"，让婴幼儿学会说颜色。

（2）创设不同情景，让婴幼儿学会用语言进行交流。

如设置一个去超市买东西的情境，保教人员扮演收银员，让婴幼儿扮演顾客，让他自由选择自己喜欢的物品，要求他说出自己要买物品的名字，完成情景对话。

（3）陪婴幼儿一起看照片，让他说出照片中的家庭成员和朋友。

活动中如果婴幼儿说不出来，可以以提问的方式如"妈妈在哪里"，让婴幼儿指认出来，这一活动可以反复多次进行。可以帮助婴幼儿认识自己的亲人朋友，指认出"爸爸""妈妈""哥哥""姐姐"等。

3. 早期阅读活动

通过早期阅读的方式，激发婴幼儿阅读的兴趣，养成阅读的习惯，以进一步促进婴幼儿语言的发展。使用规范的语言给婴幼儿讲故事，多与婴幼儿进行亲子阅读，培养其良好的阅读习惯，会让婴幼儿的语言得到持续发展。

（1）多给婴幼儿讲故事，为他们提供倾听文学作品的机会。

让婴幼儿选择一本自己喜欢的书，观察他拿书时是否上下颠倒，是否按一页一页的顺序阅读。阅读结束后可以问婴幼儿一些简单的问题，如"故事里都有谁"，"你喜欢他吗，为什么"等。

（2）复述故事，锻炼婴幼儿的记忆力，促进语言进一步发展。

让婴幼儿选择一本自己喜欢的书，然后让婴幼儿自己看图理解，如果婴幼儿在阅读中提出问题，可以帮助解答。2岁以后的婴幼儿可以尝试复述简单的故事，复述不仅可以提高记忆能力，而且能够帮助婴幼儿练习对语言信息的提取、筛选和输出，快速提升语言表达能力，是一种非常高效的学习方法。

4. 游戏活动

游戏是婴幼儿最喜欢的学习方式，是婴幼儿认识世界的一把钥匙，恰当开展语言游戏可以激发婴幼儿学习语言的兴趣，减少学习时的抵触情绪，让婴幼儿在活动中快乐学习，健康成长。寓教于游戏可以调动婴幼儿学习语言的积极性，是一条捷径。

保教人员可以和婴幼儿玩"小兔子乖乖"的游戏，婴幼儿一会儿扮演大灰狼，一会儿扮演兔妈妈，一会儿扮演小兔子，婴幼儿会根据人物的口气和发音判断角色的不同。这些活动既可以锻炼婴幼儿的动作协调性和空间意识，又可以提升婴幼儿的语言能力。

（二）日常生活中的语言教育

1. 营造和谐温暖的语言环境

和谐温暖的语言环境充满安全感，婴幼儿在其中感到舒适、愉快、自由。保教人员要多给婴幼儿创设自由活动的空间和宽松的语言交际环境，让每个婴幼儿都有自由表达的机会；坚持与每个婴幼儿交谈，善于发现个别交流的机会，了解每个婴幼儿的语言表达水平和所处阶段，因材施教。

如户外活动时，保教人员可以引导婴幼儿观察花草树木，使其充分运用触觉、嗅觉、味觉等感官来体会自然。大自然是婴幼儿们的户外课堂，多接触自然能够加强他们的观察能力和思维能力。大自然中的花草树木能调动婴幼儿语言学习的积极性，婴幼儿会更乐意与同伴谈论和交流，扩大认知范围，丰富词汇，提高语言表达能力。

拓 展 学 习

教师在与婴幼儿互动中使用的语言对婴幼儿的发展至关重要。扫描文旁二维码，了解早期教育机构中的教师应如何使用语言对婴幼儿进行引导和支持。

2. 创设多元的语言学习氛围

婴幼儿处于语言发展的关键时期，其掌握的词汇、语句往往与日常生活密切相关，特别是婴幼儿经历过的情境能够引起其说话的兴趣。因此，保教人员可以结合日常生活，从以下几个方面创设语言学习氛围。

（1）进行婴幼儿照护时营造有趣的语言学习氛围。

婴幼儿日常生活中，有许多环节如散步、洗手、如厕、入睡、喝水、进食等，可以将这些环节编为儿歌，感知日常用语，养成良好生活习惯，帮助婴幼儿学习说话，发展其听说能力。如餐后漱口时，可以念儿歌"手拿花花杯，喝口清清水，咕噜咕噜吐出水"；又如婴幼儿处于特定的情境中，乐意一边洗手一边念唱儿歌。

（2）自由游戏时营造宽松的语言交流氛围。

游戏是婴幼儿最喜欢的活动，他们大多能够沉浸其中，感受趣味和愉悦。婴幼儿自由游戏时，保教人员不是"放羊人"，而是观察者和指导者。在此过程中，要敏感地发现一些可以用来发展婴幼儿语言能力的环节，引导婴幼儿观察、提问、讨论等，轻松自由地表达自己的观点，创设婴幼儿想说、敢说、喜欢说、有机会说的语言交流氛围，提高婴幼儿的口语表达能力，发展人际交往。

（3）提示家长为婴幼儿营造良好的语言学习氛围。

为使机构保教工作的效果得到延伸和巩固，保教人员应注意提示家长在日常交流中自觉使用普通话，努力做到发音准确，词汇丰富，语法规范，声调自然。家长要多与婴幼儿交流，以聊天的方式，有意识地寻找其兴趣点开展谈话，利用一切机会锻炼婴幼儿的口语表达能力，如在进行绘画、跳舞、集邮、摄影、种花、养鱼时，抓住其中有趣的部分和婴幼儿开展语言交流。每晚睡前讲一个故事，营造温馨的亲子阅读氛围，进行典范的书面语言渗透。

生活是语言的源泉，无论婴幼儿在保教机构还是在家中，都应该随时随地实施语言教育，抓住一切时机促进婴幼儿语言能力的发展。

二、选择语言教育材料的注意事项

要进行语言教育活动，就必须准备相应的语言教育活动材料。因为活动的对象是婴幼儿，所以选择材料时要格外注意，安全第一，同时还要适合他们的年龄特点，激发他们学习语言的兴趣。相关注意事项如下：

（1）材料的安全性永远是第一位的。材料不要过小，婴幼儿容易吞下导致窒息；不能过于尖锐；保证无毒，无染色，减少对婴幼儿的身体伤害。

（2）材料要符合婴幼儿的年龄特点。不同年龄段的婴幼儿感兴趣的东西是不同的，教师要因材施教，恰当选择。

（3）材料要色彩鲜艳、颜色丰富、新颖有趣，能调动婴幼儿学习的积极性。

（4）材料要方便清洗，易学耐用，及时更换。

拓 展 学 习

为婴幼儿选择材料与玩具的注意事项

虽然大多数材料与玩具看似安全，但你会发现，婴幼儿有种不可思议的能力，能把它们的零部件一一给拆下来，这很容易造成危险。所以，为了减少安全隐患，你必须时常检查这些物品。当选择和购买各类专供幼儿使用的材料与玩具时，请按照表中各项仔细确认，保证使用时绝对安全。

安全事项	是	否
A. 是否易碎？		
B. 是否耐用？		
C. 可否洗涤？		
D. 是否够大、难以吞咽？		
E. 是否有可拆下的零部件？		
F. 是否有锐利边缘？		
G. 是否由无毒材料制成？		
H. 是否有容易夹伤人的缝隙？		
I. 所占空间是否合适？		

拓展学习

续表

有助于婴幼儿成长	是	否
A. 是否按照婴幼儿年龄设计？		
B. 是否挑战婴幼儿的能力？		
C. 对已有的材料与玩具是否是一种补充？		
D. 是否培养多重技巧？		
E. 是否需要婴幼儿的参与？		
F. 是中性化的设计吗？		
G. 是否鼓励多元文化的视角？		
H. 是否宣扬非暴力的游戏方式？		

［资料来源—朱迪·赫尔，特丽·斯文：《美国早教创意课程（2～3岁）》，李颖妮译，上海，华东师范大学出版社，2014。］

任务三　婴幼儿保教机构
语言教育的实施与指导

随着婴幼儿保教机构越来越受到社会和家长的重视，如何开展婴幼儿保教机构中的语言教育也成为保教人员最为关注的问题。到底该如何设置课程才能有效地完成语言教育的任务呢？本任务将主要从早教机构和托育机构两方面来介绍语言教育的实施与指导。

一、早教机构中实施语言教育的原则

早教机构为婴幼儿的语言发展提供了平台，通过亲子活动或游戏的方式，促进婴幼儿的语言能力迅速发展。早教机构中的专业教师会设计一系列活动，让家长和婴幼儿面对面进行交流，并在旁现场观察和指导，出现问题及时纠正和干预。早教机构中语言活动的设置，应遵循互动性、综合性、针对性、随机性、个体差异性等实施原则。

（一）互动性

早期教育是婴幼儿、家长和保教人员共同进行的教育活动，这点也是早期教育最为独特之处。三者三位一体，互相依存，缺一不可。婴幼儿是早期教育的主体，是整个活动的中心，无论家长的陪伴或是保教人员的指导都要围绕婴幼儿来进行；家长是早期教育的辅助者，需要从始至终参与活动，配合保教人员与婴幼儿进行互动，开发婴幼儿的语言潜能；保教人员是早期教育的主导，帮助家长掌握科学的育儿方法，运用科学的教育理念，使婴幼儿的语言快速发展，突飞猛进。婴幼儿既是受教者，又是学习的主人；家长也从外行慢慢变成了内行，完成了从受教者到施教者的转变；保教人员担负着施教者和引导者双重身份，从婴幼儿和家长身上也能获益，得到宝贵的经验，也成为受教者。所以整个早期教育的过程，都伴随着婴幼儿、家长和保教人员的互动，三者相互依存，共同成长。

（二）综合性

0~3岁婴幼儿的语言发展特点决定了早教机构中语言活动的综合性。0~3岁是婴幼儿语言发展的关键期，这个阶段如果足够重视并加以引导，婴幼儿的口语可以发展得非常迅速。人有五觉，分别是视觉、听觉、嗅觉、味觉和触觉。早教机构通常围绕五觉开展活动，同时考虑婴幼儿语言、动作、社会性、情感、认知等的协调发展。在实际生活中，婴幼儿的语言、动作、认知等会同时发展、齐头并进，并不会出现某一个阶段只发展某一种能力的情况。因此，在设计集体语言教育活动时，不应将各领域人为地割裂，而是应根据婴幼儿的阶段性发展特点适度地将两个甚至更多领域融合到一起，促进婴幼儿全面发展。只是语言教育活动应以发展婴幼儿的语言能力为主，其他领域的教育活动亦如是。

（三）针对性

保教人员应该从婴幼儿视角出发，尊重婴幼儿、观察婴幼儿，设计婴幼儿喜欢的、真正能够促进婴幼儿全面发展的语言教育活动。教育者应当熟悉婴幼儿的语言发展特点，不对其过高要求，当遇到语言发展水平相对缓慢的婴幼儿时能够辨别并采取恰当手段干预。

保教人员要了解不同年龄层次婴幼儿的语言发展特点和发展水平，才能因材施教，给予婴幼儿最恰当的指导。如7～9个月的婴幼儿已经能说出"妈妈"，但不能把"妈妈"和现实中的人联系在一起，保教人员就可以指着婴幼儿的母亲反复说"妈妈"，直到婴幼儿明白"妈妈"与人的对应关系。如13～18个月的幼儿有时因为词汇量有限会用"这个""那个"代替某些事物，保教人员要有意识地帮助其指认事物、说出名称，直到婴幼儿记住并说出来为止，帮助婴幼儿拓展他们的词汇量，也可以帮助婴幼儿与家长进行有效沟通，避免家长经常处于猜测婴幼儿意图的尴尬境地。

根据家长的性别、年龄、受教育程度等各方面的差异，保教人员要采取不同的策略和方法，进行针对性指导。许多家长把婴幼儿送到早教机构学习，是为了多给婴幼儿制造与伙伴交流的机会，增加婴幼儿语言学习的机会，所以保教人员在设计语言活动方案时，必须要考虑到家长的这一需要，使活动既能够适应婴幼儿的语言发展需要，又能够提高家长的家庭教育水平。

对婴幼儿的个体差异，也要区别对待，对症下药。有些家长希望婴幼儿的某些缺陷如口吃、大舌头等问题能得到保教人员的个别指导，保教人员则要针对这些问题为婴幼儿设计相对应的活动方案，通过科学的方法帮助婴幼儿矫正发音。

保教人员还要帮助一些家长转变早教观念。部分家长认为，既然将孩子送到早教机构，那么孩子的教育自然应由保教人员来承担。家长缺少参与的意识。早教机构不是托儿所也不是幼儿园，家长在这里应该得到的是专业的理念和科学的教育方法，使婴幼儿得到更好的教育，所以家长应配合保教人员与婴幼儿进行互动，才能使活动顺利有效地开展。

（四）随机性

早教机构中，婴幼儿参加的频率不一。授课对象的不固定和组合的随机性，决定了保教人员授课难度很大。刚刚帮助家长和婴幼儿建立起的默契往往因为家长的变化使教学效果大打折扣，给教育活动的顺利开展带来挑战。保教人员需要灵活机动地应对，及时对活动和材料加以调整，使活动能够顺利地进行下去，帮助婴幼儿和家长完成亲子互动。

（五）个体差异性

保教人员在设计早教语言活动时要考虑到婴幼儿语言发展的个体差异，因为每个婴幼儿的语言发展水平不同，所以在活动中要有多个备选方案，使不同语言水平的婴幼儿都能得到相应的发展和提高。

1. 遗传因素

发音器官、听觉器官、智力因素都会影响婴幼儿的语言发展，这三方面任何一个方面有缺陷，婴幼儿的语言都会出现问题。

2. 性别差异

不同性别婴幼儿语言发展的速度会有所差别，相同年龄情况下通常女孩比男孩语言发展要早一些，个别男孩语言发展较慢，3岁之后才能流畅地说话。

3. 性格差异

性格差异也影响着婴幼儿的语言发展，外向阳光的婴幼儿语言发展迅速，内向拘谨的婴幼儿相对而言语言发展缓慢，经过保教人员的引导和帮助是可以改善的。

4. 年龄差异

0～3岁婴幼儿的各方面能力都处在快速发展阶段，他们的持久注意力相对较差，接收外界信息的能力较弱，语言表达阶段性强。因此，婴幼儿的活动安排应适度，不管在时间上还是活动强度上，都应符合婴幼儿身心发展的特点，不宜要求太高。如在时间安排上，对6～9个月的婴儿来说，每次集体活动的时间控制在5分钟左右即可；而对10～12个月的婴儿，10分钟也非常充足了；1～2岁的幼儿可以坚持10～15分钟的有趣游戏；2～3岁幼儿可再适当稍加延长。

5. 亲子环境差异

父母是否能长期陪伴婴幼儿，家庭关系是否和谐，是否长期处于隔代教育，这些都会影响到婴幼儿的语言发展，都是早期机构中安排语言活动时需要考虑到的因素。

婴幼儿因为遗传、性别差异、家庭环境等因素影响，个体差异普遍存在，这个问题是保教人员必须重视的。保教人员要根据每个婴幼儿的个体差异，合理安排教学内容，发挥婴幼儿的优势，弥补婴幼儿的劣势，才能够成功地开展语言教学活动。

（六）游戏性

婴幼儿天生对游戏感兴趣，无聊枯燥的说教无法引起婴幼儿的注意。在设计语言教育活动时，应牢记这一点。3 岁之前的婴幼儿注意力是逐渐发展的，多开展有趣的游戏活动能够最大限度地吸引婴幼儿的注意力。保教人员在设计活动时，应有意识地根据婴幼儿的年龄段将各种游戏类型穿插到活动中去，如 1 岁之前的婴儿可以进行互动游戏，帮助婴儿建立起词语和意义之间的联系；1～2 岁的幼儿可以继续开展互动游戏，扩展幼儿的词汇量，同时进行探索游戏、假装游戏，发展幼儿的想象力和创造力，增强其动手能力，并逐步进行抽象思维的锻炼，找到解决问题的方法；2～3 岁的幼儿仍然对假装游戏、探索游戏充满兴趣，开始进行想象游戏，保教人员可以将语言活动完全设计成游戏形式，进一步发展幼儿的想象力、思维力等。

保教人员可通过三种途径来创设游戏课程。

1. 给予婴幼儿自由
2. 帮助婴幼儿发现他们特殊的兴趣
3. 为婴幼儿提供可利用的资源

因为婴幼儿能从亲子活动中获得安全感，所以他们的潜能更容易得到开发，更有助于他们语言能力的发展。保教人员在早教机构的课程设置，对家长有很大的借鉴价值，可以指导家长在家里也开展相似的语言活动，巩固教学成果。而且家长在与婴幼儿进行亲子活动的同时，既加深了对婴幼儿的感情，又使家长意识到自己肩负的责任。例如，亲子游戏"我是一只小小鸭"：

我是一只小小鸭

我是一只小小鸭，我会叫呀：嘎—嘎—嘎。

我是一只小小鸭，我会走呀：走—走—走。

我是一只小小鸭，我会蹲呀：蹲—蹲—蹲。

我是一只小小鸭，我会游呀：游—游—游。

根据儿歌内容，家长与婴幼儿进行活动，家长和婴幼儿面对面站着边唱儿歌边做动作，结束时家长可以亲一亲、抱一抱婴幼儿，表示对婴幼儿的鼓励和嘉奖。亲子活动给婴幼儿的语言学习提供了愉快和轻松的环境，让家长和婴幼儿尽享天伦之乐，建立了亲子间的亲密关系，使婴幼儿的语言在这种亲密的互动中飞速发展。此类语言游戏既可以发展婴幼儿的语言能力，又能锻炼婴幼儿的大肢体动作能力，还能培养婴幼儿的社交能力，可谓一举多得，家长回家后也可以经常与婴幼儿进行此类游戏。

以上这些原则适用于早教机构，同样适用于托育机构。只是托育机构因其以保育为主、教养融合的特点，又有一定特殊性。

二、托育机构中实施语言教育的原则

托育机构主要由幼儿园托班、保育院及社会中个人或集体开办的为0~3岁婴幼儿提供全日托、半日托、临时托看护服务的机构组成。三者各有利弊，幼儿园托班因为招生名额有限，相对而言覆盖面小，不足以满足大多数家庭的送托需求；保育院也存在这种问题，供小于求；民营托育机构发展较快，但是大多规模较小，以照顾婴幼儿的生理需求为主，教保融合程度不够。针对这些与早教机构的不同点，托育机构中实施语言活动的原则除了适用以上六点之外，还有一些特殊的要求。

（一）教养结合，在保育中渗透语言教育

相比早教机构，婴幼儿在托育机构待的时间较长，因此托育机构强调婴幼儿的身心健康是发展的基础。在开展保教工作时，应把婴幼儿的健康、安全及养育工作放在首位。坚持保育与教育紧密结合的原则，在保育中融合语言教育活动，适时促进婴幼儿的语言发展。

如就餐环节，保教人员可以在用餐时向婴幼儿介绍当天要吃的食物，主食是什么，汤粥有哪些，含有什么蔬菜和肉类，它们的颜色和形状是什么样的，能够为身体提供哪种营养成分，介绍时可一一对应。一方面可以让婴幼儿明白营养全面、不挑食，另一方面也是为婴幼儿提供丰富的语言环境，吃完后鼓励婴幼儿回忆今天吃了哪些食物，增强其听话能力和说话能力。

（二）根据婴幼儿发展差异，组织适当的小组语言教育活动

与早教机构活动中家长全程参与相比，在托育机构日常活动中，家长参与较少，多数情况下是若干保教人员负责照看十几个甚至二十几个婴幼儿。在这种情

况下，保教人员需要清晰地了解每个婴幼儿的语言发展水平，制定适宜的语言教育目标，必要时分小组来组织语言活动，避免因过多婴幼儿共同参与影响施教效果。

三、婴幼儿保教机构语言教育的方法

0~3岁婴幼儿正处于生理和心理迅速发展的时期，因此开展教育活动时必须考虑婴幼儿的年龄特点和已有经验水平。目前早教机构和托育机构在组织语言活动时或多或少都还存在一些问题，如过于娱乐化或知识化两个极端，这应引起保教人员的关注。

不管是早教机构还是托育机构，是否有家长参与，保教人员都应努力为婴幼儿的语言发展提供支持，为他们设计组织丰富多彩的活动形式，鼓励婴幼儿在活动中发展语言。一般采用的方法如下：

（一）示范法

示范法是保教人员通过自身的规范化语言或动作，给婴幼儿树立榜样，让婴幼儿通过模仿学习得到发展和提高的教学方法。

1. 显性示范

显性示范就是保教人员通过自己的语言动作直接对婴幼儿施加影响，让婴幼儿反复模仿从而形成习惯，发展婴幼儿语言和行为的方法。显性示范的特点是教育目标非常明确，显而易见。例如，保教人员要求婴幼儿重复一个词或一句话，教师示范，婴幼儿模仿，这就是典型的显性示范。

2. 隐性示范

隐性示范是保教人员不直接要求婴幼儿模仿学习，而是利用环境、情境潜移默化地去影响婴幼儿，锻炼婴幼儿的语言和行为，这比显性示范更容易被婴幼儿接受。

婴幼儿的模仿能力很强，保教人员或家长经常做的事、经常说的话，他们都会有意无意地进行模仿。模仿是婴幼儿学习语言的基本方法，有些家长经常会为婴幼儿突然学会说脏话而苦恼，殊不知他们就是模仿长辈学会的，不好的榜样对婴幼儿施加了隐性示范，所以无论是家长还是保教人员都要身正为范，注意自己的言行举止，以免给婴幼儿带来不良的影响。

例如，保教人员在绘本教学时不直接要求婴幼儿独自阅读，而是坐在旁边与婴幼儿们一起阅读，婴幼儿们看教师在一页一页认真阅读，也坐下来模仿教师的样子阅读绘本。所以保教人员在这里是通过隐形示范将自己的阅读经验教授给婴幼儿，从而让婴幼儿掌握学习的方法。

（二）游戏法

游戏法是指用游戏的形式进行教学，婴幼儿在愉快的游戏中学习知识、发展语言的教学方法。游戏是婴幼儿的天性，也是婴幼儿最初的学习方法和手段。美国心理学家布鲁纳说："最好的学习动力莫过于学生对所学知识有内在兴趣，而最能激发学生这种内在兴趣的莫过于游戏。"可见运用游戏法对婴幼儿进行早期教育，可以事半功倍。有些家长对游戏有误解，觉得给婴幼儿买玩具或者让他们玩手机游戏就可以了，其实游戏也是学习的一部分，是学习知识的重要途径。由于家长们的疏忽，很可能就错过了婴幼儿最佳学习阶段，所以，陪婴幼儿玩游戏就成了家长最甜蜜的负担，需要家长花费大量的时间、精力和智慧。为了增加家长的陪玩兴趣，促进亲子游戏的积极性，可以选择一些适合成人和婴幼儿动手操作的玩具，例如，各种拼插玩具就是不错的选择，拼插时家长和婴幼儿既能增加语言上的交流，又能锻炼婴幼儿的观察能力和动手能力。

（三）练习法

练习法是指婴幼儿在教师的指导下，通过重复性的学习动作或语言，形成良好的语言或行为习惯的教学方法。例如，反复朗读儿歌就使用了练习法，充分运用婴幼儿机械识记能力强的优势，发展他们的语言。保教人员在示范时要注意发音正确，保证婴幼儿练习的准确性。练习法必须反复多次进行才能达到预期效果，保教人员要注意采取不同的练习方式，以免婴幼儿出现厌烦和反感，练习的时间长短也要根据婴幼儿的不同年龄特点来设置，以免适得其反。

（四）小组学习法

小组学习法是指将婴幼儿分成若干小组，让婴幼儿以小组为单位进行游戏或阅读等活动，培养他们共同学习、协同合作，促进他们的语言交流的教学方法。例如，让婴幼儿玩彩泥的活动，可以分小组来进行。保教人员要在旁边观察，提醒婴幼儿互相帮助，把对方需要的彩泥递过去，或是一起制作。保教人员还要从中辅助能力较弱的婴幼儿，表扬能力强的婴幼儿，这样既能帮助不同层次的婴幼儿，又能调动婴幼儿的语言表达和动手的积极性，保证小组学习的有效进行。

学习检测

1. 选择语言教育活动材料的注意事项。
2. 婴幼儿保教机构语言教育活动的总目标是什么？
3. 简述托育机构语言教育活动的设计原则。
4. 简述婴幼儿保教机构语言教育活动的方法。

实践体验

1.乐乐的父母都上班，爷爷奶奶在外地不能帮忙看护。因此乐乐两周岁上了小区附设的幼儿园托班。托班老师育儿方法丰富，教会了乐乐和其他小朋友脱尿布，自己用勺子吃饭，自己穿脱带搭扣的鞋子，结识了很多好朋友，乐乐的性格越来越开朗。三周岁后上公立幼儿园时，乐乐被评为生活自理小能手，乐乐的家人对这个托班非常满意。请你思考，托育机构与早教机构相比，优势在哪儿？托育机构的教师需要具备哪些专业素养？

2.课后去早教机构看一看，观察早教机构的哪些语言教育活动可以在家庭中进行，请举例说明。

单元四 0～3岁婴幼儿听话活动

导言

　　婴幼儿从出生到3岁左右基本能掌握母语的听说，能够听懂成人的语言，并且和成人进行基本无障碍的交流，这是非常了不起的成就。婴幼儿是如何从一个懵懂的婴儿经过短短的两三年时间，就能快速且熟练地掌握一门语言的？这个问题一直以来都困扰着心理学家们。毫无疑问，在生命早期婴幼儿学会说话的过程中，听是最早进行的，并且一直发挥着举足轻重的作用。婴幼儿从外界听到大量的语音，感知到不同词汇代表不同的含义，经过长期积累，五六个月开始咿呀学语，1岁左右开口说出第一个有意义的词，1.5岁左右以词代句，2岁左右掌握大量词汇，3岁左右会说简单的句子，这就是语言习得的过程。在婴幼儿语言发展的每个阶段，听都占有非常重要的地位。因此，在0～3岁婴幼儿语言教育中，听话活动是一个非常重要的活动形式。

学习目标

1. 了解听话活动的本质与内涵。

2. 掌握0～3岁婴幼儿听话能力的发展阶段。

3. 学会设计0～3岁婴幼儿集体听话活动并掌握其指导策略。

4. 学会设计0～3岁婴幼儿个别化听话活动并掌握其指导策略。

🌐 **知识导览**

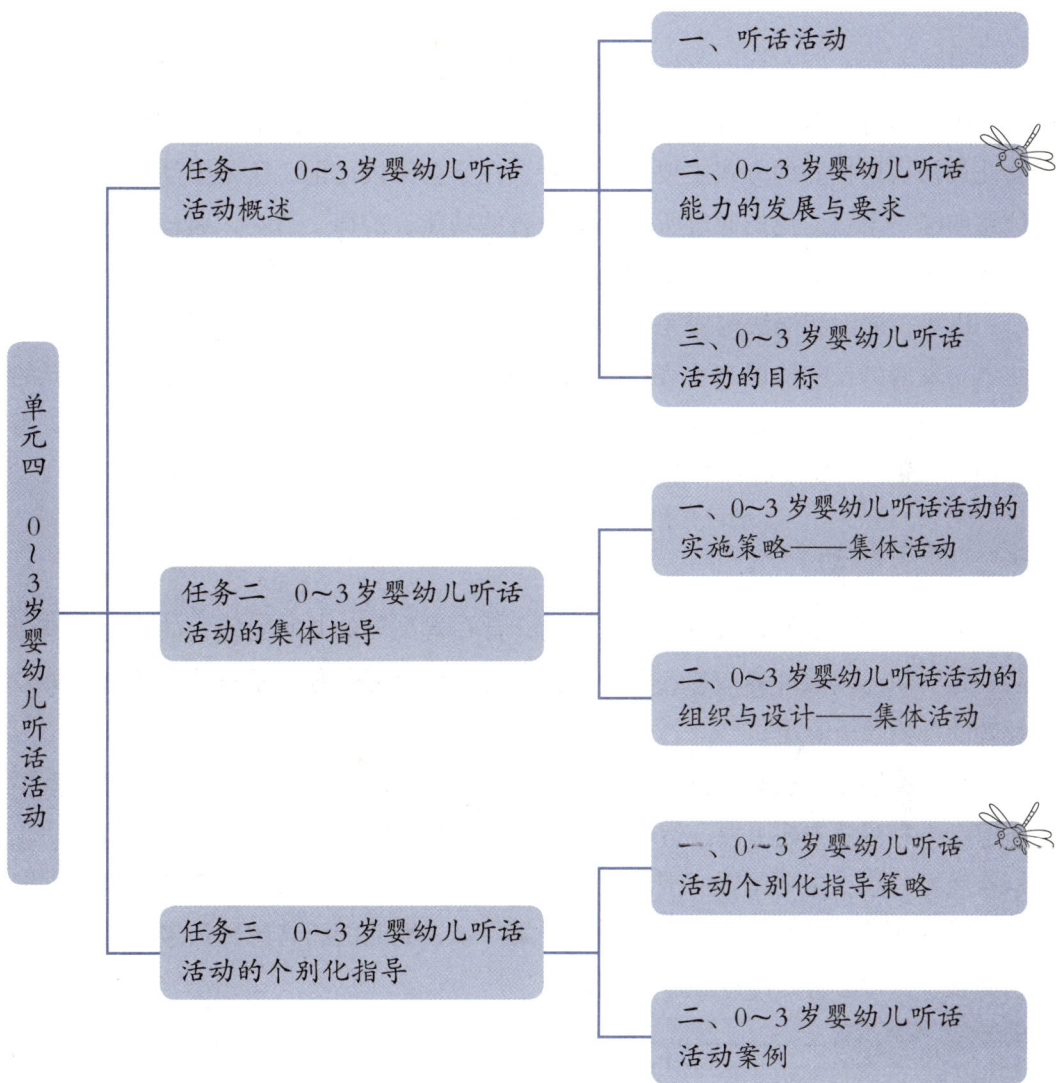

- 单元四　0～3岁婴幼儿听话活动
  - 任务一　0～3岁婴幼儿听话活动概述
    - 一、听话活动
    - 二、0～3岁婴幼儿听话能力的发展与要求
    - 三、0～3岁婴幼儿听话活动的目标
  - 任务二　0～3岁婴幼儿听话活动的集体指导
    - 一、0～3岁婴幼儿听话活动的实施策略——集体活动
    - 二、0～3岁婴幼儿听话活动的组织与设计——集体活动
  - 任务三　0～3岁婴幼儿听话活动的个别化指导
    - 一、0～3岁婴幼儿听话活动个别化指导策略
    - 二、0～3岁婴幼儿听话活动案例

任务一　0～3岁婴幼儿听话活动概述

据调查，人们在日常交往中听说读写各种行为所占的时间中，听占45%，说占30%，读占15%，写占9%。听是我们获取信息，了解这个世界的主要方式。婴幼儿最初认识世界的方式主要靠听和看，在学会阅读之前，听是婴幼儿获得语言信息的唯一渠道，他们通过听来感知语言的功能、韵律、节奏，通过听进行语音语调的模仿，一步步发展起自己的语言，可以说听是学习语言的根本。

语音、词汇和语法构成完整的语言系统。语音发展是语言发展的前提，婴幼儿语言发展的最初阶段主要表现在语音的发展，而语音的发展主要通过听外界的各种声音来进行。婴幼儿通过听人说话、听音乐等，刺激其智力和情感发育，为婴幼儿其他方面的发展打下良好的基础。

一、听话活动

听话活动是由保教人员设计组织的，旨在提高婴幼儿听觉能力的语言教育活动，是婴幼儿获取外界信息、实现与他人交流的重要途径，是对婴幼儿进行语言教育的重要活动形式。

听觉、触觉、视觉是新生儿发展的三大感觉，听觉是婴幼儿接受信息的重要通道。语言范畴中的听力，指对语音、语义的感知和理解能力。对0～3岁婴幼儿语言教育来说，主要是提高婴幼儿的语音听觉能力和对语义的理解能力，促进婴幼儿情感智慧、社交能力的发展。出生第一年，婴儿的语音感知从最初的普遍性感知发展为对母语的特异性感知。

拓展学习

婴儿语音感知过程

语音感知指的是大脑对经由听觉器官传导而来的声波进行语音识别的过程。听者由感知系统接受刺激后，先进行初步的分析，再找出语音的音位学特性，进行编码，然后依据记忆系统中有关的语音知识，对信息进行整合，完成对语音的识别。对婴儿来说，语音感知能力的发展先于发音能力。婴儿要先具备对语言的感知、理解能力，才能产出语言。语音感知作为语言学习的最初阶段，对婴儿日后的语言发展产生重要的影响。

（资料来源—宋新燕，孟祥芝：《婴儿语音感知发展及其机制》，
载《心理科学进展》，2012年第6期。）

0~3岁婴幼儿的语言发展以口语为主，书面语为辅，因此听话活动侧重促进和培养婴幼儿对口语的感知和理解。

二、0~3岁婴幼儿听话能力的发展与要求

（一）0~3岁婴幼儿听话能力的发展

婴幼儿听觉能力的发展从母亲体内就开始了，胎儿在妊娠早期听觉系统的形态结构就已经形成，随妊娠进展逐步成熟。出生以后，伴随着家人的关爱、各种外界声音的刺激，婴幼儿逐渐开始感知声音、理解语义，到1岁左右开口说话，听觉能力进一步发展，并且随着认知的发展，口语表达能力逐步提高。

1. 胎儿期

听觉器官由周边系统——外耳、中耳、内耳和中枢神经系统——脑干、大脑所构成。内耳在胎儿5个月左右形成，胎儿5个月之后能够听到母亲的说话声、音乐声等外界的各种声音，能感受到母亲的心跳声，因此母亲的温柔说话声和心跳声最能够安抚初生的婴儿。据研究，刚出生的婴儿会对在母体内听过的母亲的声音、父亲的声音、故事及音乐等产生偏好。因此，胎儿5个月之后，可以听一些胎教音乐、故事等。

拓展学习

胎教应注意方式方法

现在很多孕妇比较注重胎教，但是胎教要注意选择合适的声音。商家为了迎合市场需求，开发出很多胎教产品，从早期的磁带到现在的胎教仪，琳琅满目，但质量良莠不齐。虽然四五个月以后的胎儿内耳和外耳基本上已经形成，但功能比较弱，有的孕妇把胎教仪直接放在腹部，会对胎儿的听觉器官产生强烈的刺激，甚至造成严重后果。胎教音乐应该选择节奏柔和舒缓的音乐，避免2000赫兹以上的高频音，每次胎教时间5~10分钟即可。胎教的原则主要是让母体产生愉悦的感受，陶冶性情，从而对胎儿的发育产生积极的影响。

2. 0~3个月

婴儿对语音比较敏感，具有一定的辨音能力。听觉系统在胎儿期开始形成，听觉中枢的发育则在出生后开始。大脑的发育与外界环境的刺激让婴幼儿逐渐开始理解人类的语言。刚出生1~2天的新生儿就能够辨别母亲的声音，而且对说话

声很敏感，特别是对高音敏感。如正在吃奶的婴儿突然听到物体的大声响动，身体（如手或脚）会有受惊表现，但是对人们高声说话的声音则会表现出注意、倾听。哭闹的婴儿在听到母亲温柔的抚慰声音之后会快速地安静下来。出生约 24 天以后，婴儿在能够分辨出男女的声音、亲人和陌生人的声音，他们能够对这些不同的声音作出不同的反应。

2～3 个月的婴儿能够分辨两种声音的时间差异及节奏，并记住母亲的声音，会找寻母亲的声音，伴随着母亲的声音或其他成人的逗引发出"咕咕"声，开始尝试模仿发音，喜欢别人来和自己"交谈"，心情愉悦的时候会发出"a、o、e"等音。

拓 展 学 习

重视新生儿听力障碍筛查

新生儿听力障碍是最常见的生理缺陷，也是新生儿最主要的致残原因之一，新生儿先天听力是进行语言学习的前提，3 岁前是婴幼儿听力发展的关键时期，若能早期发现、诊断并及时矫治，将有效减少婴幼儿听力语言障碍的发生。目前常规体检和父母识别几乎不能在孩子出生后的第一年内发现听力障碍，从而错过了治疗的最佳时机，而新生儿听力筛查可以早期发现、早期干预听力障碍婴幼儿。

婴幼儿听力障碍很常见，听力损失早期发现的关键，一是接受新生儿听力筛查，二是家人密切观察婴幼儿的听觉和语言能力发育。

3. 4～9个月

4 个月以后的婴儿对成人的声音做出恰当的反应，听到别人呼唤自己的名字会转头看，对父母或其他人说话时的情感态度开始注意，开始辨别语调。为理解语音作进一步的准备。

大概从六七个月开始，婴儿逐渐理解简单的手势、命令等，建立了语音和实物之间的最初联系，如听懂家庭成员的称呼，辨认或指认生活中常见的物品，这是一种理解语义的萌芽，需要发生在实际生活场景中婴儿才能够做到。6 个月以后的婴儿渐渐能明白成人对他的态度、表情和语调，甚至会表示出不同的反应。如大人用严肃的表情，较高的声调训斥，婴儿会不高兴，甚至大哭；以嬉笑的表情、温和的语调逗引他，婴儿会感到兴奋，情绪活跃而快乐。

活动视频

观看活动视频4-1-1，6个月婴儿看成人喝水，她能够意识到成人是在逗引她，发出欢乐的笑声。想一想，这种亲子互动对婴幼儿语言发展有哪些益处。

视频 4-1-1

婴儿从9个月左右开始真正地理解成人的语言，基本上能听懂成人关于日常生活的对话，并能做出相应的回应，鉴别成人话语的节奏和语调特征。虽然此时婴儿还没有真正地开始说话，但已经为开口说话做好了前期准备。

拓 展 学 习

8个月婴儿具备感知能力

英国婴幼儿发育专家通过实验发现，婴儿约在8个月大的时候开始形成感知周围世界的复杂能力。

据新一期美国《科学》杂志报道，英国伦敦大学伯贝克学院的研究员奇伯劳和同事给22名婴儿展示了一种图片，图片由4个嘴朝内的电子游戏人物图形构成。当成年人看到这种图像时，其大脑会苦苦思索，并产生所谓的伽马振荡迹象。

为此，奇伯劳等人在这些婴儿头上戴了一个"发网"。它由许多传感器构成，彼此之间相互连接，形如网状。"发网"可以对婴儿大脑的活动进行监测。当8个月大的婴儿看到这一图片后，"发网"接收到了明显的大脑伽马振荡信号。科研人员据此分析说，这说明婴儿约在8个月大的时候形成了感知能力。

（资料来源——吴伟农：《8个月婴儿具备感知能力》，

载《新华每日电讯》，2000年12月1日。）

4. 10~12个月

10个月开始，婴儿语音听辨能力大大增强，能辨别母语中的各种音素。大部分婴儿在这个阶段能够有意识地说出第一个有意义的词，这是婴幼儿语言发展过程中最为重要的里程碑，是语音听辨能力和表达能力综合协调发展的结果。

语音的发展主要表现在对语音的有意识模仿和知觉上。这个阶段的婴儿能够听懂与自己有关的日常生活指示语言，如提问"水杯在哪里呀"，婴儿会指向桌子上的水杯，也能够听从父母的指令和客人说再见（或是摆手）。

1岁前的听觉发展使得婴儿在会说话之前就能够通过听到的声音来和外界沟通。

5. 1~3岁

1岁之后，幼儿的听觉能力发展趋于成熟，说话能力进步很快，听与说开始相互影响、相互促进。这个阶段，家长和保教人员可能更重视教孩子开口说话，但是听是说的基础，18个月之前，婴儿能够说出的词汇数量还比较少，但听话能力发展很快，已经能够基本听懂成人的日常对话。18个月之后，随着口语表达能力的飞速提升，幼儿的听话能力得到进一步的发展；2岁以后，幼儿的听话能力已基本成熟，听不懂的只是因为超出其认知范围，在语言理解上已不存在障碍。

（二）0~3岁婴幼儿听话活动的要求

1. 对声源的要求

（1）运用各种语音和声音来刺激婴儿，模仿学习发音。

尽管刚出生的婴儿听不懂成人讲话，但照料者仍应多与婴儿"交谈"，这种"交谈"可能在外人看来有些奇怪，似乎是在自言自语、毫无意义，但对于婴儿来说，这是接触世界的第一步。有研究称，父母与婴儿有意识地说话的时候，婴儿大脑会变得更加活跃。婴儿的许多无意识的发音，多是在成人逗引下发生的。因此，听到的语音越多，婴儿的语音发展越迅速。

根据婴幼儿的生活习惯可以播放一些适合的音乐，如早上给宝宝洗脸时可以播放洗脸儿歌："平平整整放手心，洗洗眼，洗洗鼻，洗洗嘴，洗洗颈，最后擦擦小耳朵，小脸洗得真干净。"睡觉时可以播放摇篮曲等催眠音乐，训练婴幼儿有意倾听的能力。

父母可以为婴幼儿准备一些适合的玩具，如音乐摇铃、启蒙乐器玩具等。

（2）提供的语音音量大小适中，避免噪声，保护婴幼儿听力。

婴幼儿的听觉器官尚未发育完全，太大的声音刺激会造成听力损害。婴幼儿长期处在高音量、快节奏的嘈杂环境中，听力会下降，甚至会引发噪声性耳聋。因此，婴幼儿平时听到的音量应该是适中的，最好不超过60分贝，超过80分贝的声音就会对婴幼儿听力形成强烈的刺激，如果长期处于这种噪声环境中，婴幼儿可能会容易激动、睡眠不足、注意力不集中等。家长和保教人员应避免使3岁以下的婴幼儿经常性处于燃放爆竹、高音喇叭等高噪声环境。此外，交通噪声、家庭电子产品噪声、部分婴幼儿玩具等都是常见的噪声污染源。

除了噪声污染外，还应注意避免婴幼儿受到意外伤害，防止婴幼儿将一些小颗粒玩具塞到耳朵里，造成耳道损伤；尽量不用坚硬的挖耳勺等给婴幼儿掏耳朵；喂奶时注意不要让婴幼儿平躺，防止奶水呛到婴幼儿。

拓展学习

玩具噪声对婴幼儿听力造成的不利影响

欧盟日前表示，一批国产玩具手机音量过大，存在致婴幼儿听力受损的危险。记者随后了解到，由于我国缺乏相关标准，部分玩具存在噪声问题。欧盟相关机构通报称，匈牙利主管部门已对中国产噪声过大的玩具手机采取强制撤出市场和召回措施。不久前欧盟还修订了婴幼儿发声玩具的要求和测试方法，如近耳玩具的声音响度限值由80分贝降至60分贝。相关玩具企业技术人员称，国内尚无相关强制标准，由厂家自行控制玩具音量，部分玩具没有进行科学论证和正确设置，存在一定副作用。儿科医生薛芳指出，婴幼儿的听觉细胞尚未发育成熟，对噪声尤为敏感。如果玩具的噪声超过70分贝，就会对婴幼儿的听觉系统造成损害。

（资料来源：《玩具噪声大或致儿童听力受损，国内尚无强制标准》，
载《玩具世界》，2013年第1期。）

（3）声音刺激的持续性与规律性。

应保持听音训练的持续性，并呈现一定的规律性。每天的每个时段都应有相应的语音刺激，家长在喂奶时、换尿布时、洗澡时、睡觉之前应保持持续性的语音输入，避免今天心情好，不停地和婴幼儿说话，明天心情郁闷，整日不发一言。3个月左右的婴儿已经开始形成有规律的作息，每天都会有一些清醒的、心情比较愉悦的时间段，可以利用这段时间有规律地和婴儿进行一些语音小游戏。

2. 听话活动的要求

（1）尽可能地创造条件多与婴幼儿说话。

家长和保教人员要坚持多与婴幼儿说话，利用各种机会开展对话，让婴幼儿从一出生就沉浸在丰富的语言环境中。环境对婴幼儿语言发展的作用极为重要，在各种各样的语境中，婴幼儿可以听到更多的语言，学会交谈、念唱儿歌、阅读、玩游戏等。这些语境从何处来？其实很简单，就是家长、保教人员多和婴幼儿讲话，这就是语言交流。

（2）可适时使用"妈妈语"与婴幼儿进行言语交谈。

"妈妈语"是一种与成人交流不同的语言形式，它通常用夸张的面部表情和稍高的语调、清晰缓慢而优美的发声、简练而重复性的语句进行表达和交流。婴幼儿在类似于"妈妈语"的语言的作用下，往往能体会到更多的温暖和关怀，可以将学说话当成一种很大的乐趣，通常这种"妈妈语"会非常重视与婴幼儿的语言和表情交流，一旦婴幼儿有了语音上的反馈，"妈妈语"的使用者会给予相当热烈的反应，以微笑、重复性的话语来回应，提高婴幼儿说话的积极性，促进婴幼儿语言和情感的发展。

虽然婴幼儿都喜欢"妈妈语"，但应注意"妈妈语"使用的时间段。1岁之前，婴儿的语言能力发展主要体现在听觉能力的发展上，"妈妈语"适合婴儿早期听觉的适应范围，有助于维持成人和婴儿的语言交往，但是，1岁之后特别是1.5岁之后，幼儿的口语表达能力处于快速发展期，这时幼儿接触的应当是标准的、规范化的语言，如果此时还用"妈妈语"和幼儿交谈，幼儿会认为这就是标准化的语言，这种比较简化的语言反而会对幼儿的语言发展产生不利的影响。婴幼儿可能更容易学会"小儿语"。1岁以后，应该多使用比幼儿现有语言水平高一些的规范化的语言，促使幼儿语言能力向更高水平发展。

拓展学习

孩子喜欢听"妈妈语"

作为一种幼儿语言发展关键期由自然环境赋予的语言输入形式，妈妈语的调整并非刻意，而是为了能使孩子更好地理解母亲的话语以及提高亲子交流的有效性，是一种当母亲与幼儿的交流受阻时，通过母亲自然调整而形成的语言形式。通过对语音、语调、语速、词汇、语义、句法等方面的动态调整，妈妈语从易到难，循序渐进地为幼儿提供可理解的语言输入。相对于其他形式的语言输入来说，妈妈语更加精准、自然、真实。由此，妈妈语不仅是环境中的最佳语言输入，而且是母子之间的交流得以延续的助推器和幼儿习得目标语言形式的操练场。

妈妈语是母亲与幼儿交流时的"工作语言"。由于母亲的语言水平大大高于幼儿，在与母亲的大量日常交流互动中，孩子对母语中正确语言形式和交际功能的感知和对比，可以促进孩子沿着感知—认知—内化—运用的发展轨迹习得母语的语言系统，从而实现语言的快速发展。

妈妈语是在幼儿语言发展关键期，由母亲提供的一对一、有针对性、

拓展学习

像母乳一样不可替代的"全营养"环境语言，它为孩子的语言成长创造了条件。大量的母子交流互动可以触发幼儿对母亲语言的感知和比对，从而关注到正确语言形式和自身语言产出之间的差异，由此妈妈语可以帮助幼儿轻松、自然、快速地习得母语。

（资料来源——曾洁，刘媛：《妈妈语的动态调整与儿童语言发展的关系》，载《学前教育研究》，2017年第3期。）

（3）提供语音输入的时候要注意话语质量，词汇尽量丰富，简单易懂而不单调。

家长和保教人员仅仅是多和婴幼儿说话还不够，还应注重话语质量，丰富语言表达方式，避免没有限度的简单重复性的话语。随着感知语音能力的提升，抽象思维的发展，婴幼儿从仅仅理解生活中的日常话语，到渐渐学会用语言表达符号性概念，婴幼儿所接触到的语言也应该随之丰富。婴幼儿听到的词汇越丰富、广泛，语言表达越生动、准确。

瑞斯格认为，对学习者而言，复杂语言输入能够产生比简单语言输入更好的效果。语言输入的复杂性是激发婴幼儿发展的因素。根据最近发展区理论，婴幼儿学说话阶段，教育者应该呈现出比婴幼儿现有语言水平稍高一些的语言教育内容。因此，即便婴幼儿说话水平暂时较低，仍应为其提供较高水平的语言示范，促使婴幼儿语言表达能力的提升。

（4）婴幼儿听到的内容应尽量贴近日常生活。

皮亚杰的研究认为，0～2岁的婴幼儿处于感知运动阶段，这个阶段的婴幼儿的主要认知结构是感知运动图式。婴幼儿的认知发展主要通过直接感知来进行，语言方面同样如此。能够直接看到的、感受到的名词、动词是最先被婴幼儿理解和掌握的，如"爸爸""妈妈""奶瓶""婴儿床""爬行垫""跑""跳"等词汇。对于父母和保教人员来说，和婴幼儿交流的语言越贴近婴幼儿的生活越容易被婴幼儿理解，此外，围绕着婴幼儿感兴趣的话题比较好。

三、0～3岁婴幼儿听话活动的目标

近年来，北京市、上海市、江苏省、福建省、四川省等地分别出台了0～3岁婴幼儿教养大纲、方案、指南等，这些文件对婴幼儿的语言发展内容及方法都作了明确的规定。参考这些教养方案，0～3岁婴幼儿听话活动目标制定如下：

（1）能够感知生活中的声音，对说话声敏感。

（2）喜欢听别人说话，辨别亲人的声音。

（3）辨别声音发出的方向，学会寻找声音的来源。

（4）理解常用语句，听到指令能够用声音、动作、表情等做出恰当的反应。

（5）听懂日常生活中的常用语。

（6）喜欢听音乐、故事、儿歌等。

任务二 0～3岁婴幼儿听话活动的集体指导

听话活动是有目的、有计划开展的旨在提高婴幼儿听觉能力的语言教育活动。0～3岁婴幼儿听话活动的主要目标是：提高婴幼儿听觉敏感性；提高婴幼儿的听音能力和发展其对听话的兴趣；培养婴幼儿在听到不同的语音时，能够用表情、动作、语音等做出不同的反应。

0～6个月婴儿的主要活动场所比较受局限，饮食上依赖母亲授乳，睡眠时间较长，不方便长时间外出，因此这个年龄段的婴儿活动主要是在家庭中开展；再加上我国托育机构不普及，大多数早教机构并不以生活上照顾婴儿为主，因此接受集体早期教育的婴幼儿多在6个月以上，故在本任务中的集体化指导重点在6个月以上月龄的婴幼儿中开展。

一、0～3岁婴幼儿听话活动的实施策略——集体活动

6个月以后的婴儿每天醒着的时间越来越长，身体活动与动手能力、生活能力越来越强。这一阶段，家长可以带孩子到早教中心参加一些有目的、有计划的集体教育活动。1岁以上幼儿学会走路，看到的世界更广阔，认知等方面有了进一步的发展，此时参加集体教育活动是非常好的时机。2岁以上的幼儿能说简单的句子，日常语言理解和交流基本没有障碍，能够配合老师开展一些活动。

"80后""90后"多为独生子女，近些年来，虽然生育政策不断放宽，但中国的少子化趋势已成，多子女家庭较少。家人对婴幼儿生活上的照顾虽然无微不至，但婴幼儿缺少与同龄人玩耍交流的机会，更缺少有针对性的各类教育活动。婴幼儿保教机构作为集体化教育的场所，可以弥补婴幼儿家庭教育的不足。2019年5月，国务院办公厅发布《关于促进3岁以下婴幼儿照护服务发展的指导意见》，提出要发展多种形式的婴幼儿照护服务。未来几年，将会有越来越多的婴幼儿接受集体的照护服务，有针对性的科学化的指导变得极为重要。

早教机构和托育机构应有针对性地设计一些听话活动，特别是对于1.5岁之前的婴幼儿来说，听话活动是最重要的语言教育活动形式。在具体实施过程中，可以遵守以下策略。

（一）关注不同个性特征的婴幼儿差异，实施有针对性的听话指导

每个婴幼儿都是一个独立的个体，他们的语言发展水平肯定有差异。作为保教人员应关注到集体中每个婴幼儿的发展状况，有的婴幼儿天生活泼开朗，喜欢用各种"语言"来表达和沟通，有的婴幼儿天性安静内向，表现在语言发展上会缓慢一些。对待不同个性的、不同语言发展水平的婴幼儿，保教人员需要有不同的应对策略。

首先，应对方法不同。对于活泼的孩子，保教人员只需顺势引导即可，但要提醒孩子倾听别人说话时应保持安静，不打断别人的话语。而对于安静内向的孩子来说，可以使用更温柔的语调、更缓慢的语速与其对话，发现他的兴趣点，提供能够吸引其注意力的听话材料。

其次，提出要求不同。对于语言能力强的婴幼儿，要求可以高一些，对语言能力发展相对缓慢的婴幼儿，可以适当降低要求。如同样是念唱儿歌，对于能力强的婴幼儿，可以在呈现儿歌之后要求完整复述，对于能力弱的婴幼儿，则需要保教人员对儿歌内容加以更详细的解说，在念唱上，保教人员可以先提示前两个字，只要求婴幼儿复述后几个字即可。

（二）通过多种途径激发婴幼儿的倾听兴趣

1. 创设适合婴幼儿的倾听环境

可利用过渡时间，如开展活动之前、喝水前后等，播放一些优美动听的儿歌、故事、歌曲，或者婴幼儿感兴趣的动物叫声等。在这种良好的语言环境中，婴幼儿能够感受到语言的优美，其倾听能力也能在潜移默化中逐渐提高。

2. 选择婴幼儿喜欢的倾听内容和方式

婴幼儿天生喜欢单纯、可爱、有趣的事物，在选择倾听内容上，应注意符合这些要求，同时要贴近婴幼儿的生活经验。保教人员与婴幼儿对话时，声音应清脆洪亮，语速适中，表情夸张。

3. 设计婴幼儿感兴趣的游戏形式

游戏可以培养婴幼儿多方面的能力。将枯燥的倾听活动转化为有趣的游戏形式练习，能够激发婴幼儿倾听的兴趣。如游戏"小小录音机"，保教人员说一句话，孩子们作为"录音机"要把这句话"录"下来，看看谁"录"得最好。有趣的游戏不仅能让婴幼儿积极地参与到倾听活动中来，而且能够迅速提高他们的倾听能力。

（三）提供优美的文学作品来让婴幼儿倾听

保教人员应有规律性地让婴幼儿听一些鲜明有趣的小故事、朗朗上口的儿歌等。婴幼儿喜欢反复地听同一个故事或同一首儿歌，保教人员可以根据故事或儿歌设计一些环节，让婴幼儿学会模仿、简单地复述等，以发展其听说能力。

二、0~3岁婴幼儿听话活动的组织与设计——集体活动

0~3岁婴幼儿听话集体活动主要为在早教机构和托育机构的婴幼儿设计，实施者主要是保教人员。如果家庭中或其他场合有3个以上年龄相仿的婴幼儿，主要照料者也可以做参考。由于6个月以下的婴儿主要活动场所在家庭中，因此，0~3岁婴幼儿听话集体活动教育对象以6个月到3岁的婴幼儿为主。

（一）0~3岁婴幼儿听话活动的组织

1. 了解婴幼儿语言发展特点，制定活动目标

组织听话活动之前，首先要了解教育对象处于哪个语言发展阶段，其语言发展水平如何，是符合其年龄阶段特点，还是落后或超前于其所在的年龄阶段水平，或是这几种类型都有。然后制定恰当的活动目标，制定目标时要注意，年龄越小的婴幼儿，活动目标应越具体单一，对于1.5岁以上的幼儿，可以同时制定两个或以上的目标。

活动举例：

（1）活动名称：认识五官。

适宜年龄：10~12个月

活动目标：按照保教人员的要求指向自己的眼睛、鼻子、嘴巴、耳朵等五官。

（2）活动名称：脚印。

适宜年龄：2.5~3岁

活动目标：

①丰富婴幼儿对于小鸡、小鸭、小猫等动物脚印的认知。

②理解儿歌内容，学会唱儿歌《脚印》。

2. 活动准备

（1）经验准备。

应提前获知教育对象的年龄、性别、性格、语言发展等特点，包括一些特殊情况，如是否有特殊儿童等。如果有家长参与，还要提前对家长作简单的了解，如年龄、性别、职业等。对活动中涉及的内容要提前熟悉，预想一下活动中可能

出现的一些意外小状况，提前做好应对措施。

（2）物质准备。

活动中需要的材料要预先准备好，根据活动要求选择适合的玩教具，应格外注意要选择安全无害的材料，不仅是材质上要求无毒无害，符合国家相关标准，而且要注意其设计上的细节，如是否有尖角会伤到婴幼儿，或者材料大小是否符合相关规定，是否有悖婴幼儿年龄发展阶段特点等。

3. 活动过程

（1）熟悉环境，导入活动。

年龄较小的婴幼儿对外界环境较为敏感，保教人员可以先对活动环境、参加活动人员作简要的介绍，让婴幼儿之间互相熟悉，消除陌生的恐惧感。然后通过设置情景，恰当导入，如做游戏、唱儿歌、展示挂图、播放活动视频等，还可以一起做有趣的手指操、韵律操等，帮助婴幼儿熟悉活动。

（2）投放倾听材料。

根据不同倾听内容选择恰当的方式投放倾听材料。如故事、儿歌等文学作品可以通过播放录音、教师现场讲诵的方式进行；如果是建立语音和实体间联系，可以将实物或图片伴随教师声音一同呈现。投放过程中注意每个婴幼儿的反应，可多次呈现。

（3）通过相关活动，鼓励婴幼儿模仿发音。

设计和倾听材料有关的小游戏，让婴幼儿和其家长共同参与，鼓励模仿发音。如适合1岁左右婴幼儿的听话活动"认识小动物"，在播放完小狗、小猫、山羊的叫声之后，教师可以准备几个动物的头饰，分别戴在婴幼儿的头上，引导他们听唱相应的儿歌"小狗说汪，汪汪汪""小猫说喵，喵喵喵""山羊说咩，咩咩咩"，教师同时戴上相应的头饰，唱儿歌并学习某个小动物的动作，鼓励婴幼儿模仿发音。

4. 注意事项

如果是早教机构，活动中家长也会参与其中，教师应设计家长和婴幼儿同时参与的活动环节。在此过程中，可以对家长进行活动程序上的指导，还可以根据家长的个别差异渗透性地推广一些先进的教育理念，达到婴幼儿和家长共同成长的目标。

比如，在某早教机构的一次教育活动中，李女士的儿子淘淘有些跟不上教师的节奏，动作有些笨拙，有时还容易走神去玩其他的玩具。李女士看到这种情况就一味地责怪淘淘，用非常严肃的语气命令淘淘按教师的要求做标准的动作。此时教师应适当干预，用温和的语气来劝导家长，正视同龄孩子之间的差异性。让家长了解男孩在某些发展阶段确实会有些缓慢，注意力易分散，并且相信教师能够通过专业的教学方式和手段来引导孩子。

（二）0~3岁婴幼儿听话活动设计举例

1. 摇铃找朋友

适宜年龄：6~12个月

活动目标：婴儿能感知声音，理解名字和人的对应关系。

活动准备：摇铃或拨浪鼓等发声玩具；几个小朋友之间相互熟悉。

活动过程：

（1）教师和婴儿一对一，教师摇铃，同时说婴儿的名字，"明明，老师来啦！""浩浩你好！""佳佳，听着摇铃哦！"最终每个婴儿都熟悉了周围的人。

（2）讲清楚规则：听到摇铃和自己名字的婴儿要作出反应，可口语示意或作出举手、拍手等动作。

（3）听到某个婴儿的名字时其他婴儿作出表示，如眼神或用手指向这个婴儿。

活动提示：婴儿做出正确的反应时要给予鼓励和表扬；家长抱着自己的孩子，配合教师要求。

2. 认识水果

适宜年龄：10~12个月

活动目标：婴儿能认识常见水果，初步建立起实物和语音之间的联系。

活动准备：玩具苹果、西瓜、葡萄、香蕉、橘子等；《宝宝学水果》儿歌音乐。

活动过程：

（1）播放《宝宝学水果》音乐，吸引婴儿的注意力。

（2）拿出苹果玩具，与儿歌"红红的笑脸，香香又脆脆"相对应，让宝宝认识苹果的特征。随后依次拿出西瓜、葡萄玩具，分别与"绿色的衣服，大大又圆圆""紫色的小球，酸酸又甜甜"相对应，认识西瓜、葡萄的特征。

（3）再次播放音乐，教师随着音乐分别唱以上三句儿歌，让婴儿和着旋律拍手，并试着发"苹果""西瓜""葡萄"的音，每发一个音，教师便呈现相应的玩具。

（4）将所有水果玩具放在一起，分别唱以上三句儿歌，每唱一句请一个婴儿选出对应的水果。选对了给予鼓励，选错了可予以提示。

活动提示：水果玩具可以用实物替代。如果婴儿发不出三种水果的发音，也不要强迫，正确示范即可，可多次重复。

3. 老虎在哪里

适宜年龄：1～2岁

活动目标：幼儿能辨别常见动物的叫声，能将声音与图片一一对应。

活动准备：老虎、狗、猫、羊、公鸡、青蛙六种动物的图片和录音。

活动过程：

（1）教师给幼儿讲一个老虎走丢的故事，给幼儿布置一个任务，看不见老虎只能听见动物们的叫声，看谁能又快又准确地找到老虎。

（2）为了找到老虎，幼儿需要熟悉每种动物的叫声，放动物叫声录音，教师可以和幼儿一起模仿辨别。

（3）开始寻找老虎，教师打乱顺序，开始播放录音，幼儿需要辨别听到的动物声音，并将对应的图片找出来并排好顺序。最后核对找到的老虎是否在同一个位置。

活动提示：动物图片每名幼儿分一套。

4. 小兔子乖乖

适宜年龄：2～3岁

活动目标：幼儿能学会唱《小兔子乖乖》儿歌；体会集体活动的乐趣。

活动准备：《小兔子乖乖》儿歌视频；小兔子头饰四个，狼头饰一个，小兔子玩偶一个。

活动过程：

（1）拿出小兔子玩偶，播放《小兔子乖乖》儿歌视频，教师与幼儿一起唱儿歌。

（2）教师可引导幼儿说出小兔子的特征，如"白色、红眼睛、长耳朵、短尾巴"等词语。

（3）教师扮演大灰狼，请四个幼儿分别扮演兔妈妈和三个兔宝宝，当大灰狼敲门时，幼儿学会唱儿歌中的"不开不开就不开，妈妈没回来"等歌词。

活动提示：视频可多次播放，使幼儿熟悉儿歌故事情节。

任务三　0~3岁婴幼儿听话活动的个别化指导

现阶段我国早期教育虽然发展很快，但在早教机构或托育机构中接受保教的婴幼儿数量在绝对数字上仍然较少。根据教育部 2017 年教育统计数据，3 岁以下学前教育机构在园人数为 112.95 万人，而同期全国 3 岁以下儿童总数约有 5164 万人，因此全国范围内纳入教育部门管理的托育机构在园人数占比约为 2.2%。绝大多数婴幼儿 3 岁之前仍然以家庭生活为主，特别是 2 岁之前的婴幼儿。

2018 年 9 月 10 日，习近平在全国教育大会上指出，家庭是人生的第一所学校，家长是孩子的第一任老师，要给孩子讲好"人生第一课"，帮助扣好人生第一粒扣子。早期家庭教育对婴幼儿各方面发展起着极为重要的作用。

本任务的个别化指导主要是针对家长在家庭中开展的教育活动。各类婴幼儿保教机构中开展集体活动的时间，受婴幼儿发展能力所限，一般不会很长，这些集体活动很多情况下需要分小组或是单独进行，此时保教人员与婴幼儿之间的互动也属于个别化指导的范畴。

一、0~3岁婴幼儿听话活动个别化指导策略

（一）0~1岁婴儿听话活动个别化指导策略

婴儿早期分三个年龄段：新生儿，2~3 个月，4~6 个月。这一阶段婴儿的个体差异非常明显，可能相差十天就有质的差距。保教人员和家长必须明白，每个婴幼儿的发展速度不同，不要生搬书本上的理论，不要因婴幼儿一时与他人的差距而焦虑，特别是切忌将这种焦虑传达给婴幼儿，而应尊重个体差异。

1. 感知声音

语音感知是言语学习的初始阶段。全世界的语言中包含大约 200 个元音和 600 个辅音。初生婴儿的主要任务就是在习得词汇前，先从这些元音和辅音中过滤出自己母语所使用的、具有区别意义功能的 40 个语音范畴。[①]早期的语音技能对后来的阅读能力有显著的影响。感知声音练习就是为婴幼儿提供各种各样声音刺激，有目的地开展感知声音活动。

（1）提供多种声音刺激，训练婴幼儿对声音的分辨能力：在日常生活中让婴

---

① 宋新燕、孟祥芝：《婴儿语音感知发展及其机制》，载《心理科学进展》，2012 年第 6 期。

儿感受各种人类活动的声音，如烧开水声、切菜声、洗碗声、门铃声、成人聊天声等，并且让婴儿逐渐明白不同的声音有不同意义，如切菜声代表做饭了，门铃声代表要去开门，电话铃响代表需要接电话等；多抚摸、拥抱婴儿，经常和婴儿进行面对面的交流；多带孩子外出，感受外界的各种声音，如风雨声、汽车鸣笛声、猫狗等小动物的叫声等；提供适合的玩具，特别是各种发声的摇铃、启蒙乐器玩具等，让婴儿感受这些声音。

（2）多给婴儿听音乐，训练婴幼儿听觉敏感性。节奏舒缓、曲调优美的乐曲，能够刺激婴儿的听觉器官，促进大脑机能的发展。

0～3个月的婴儿睡前倾听催眠曲，可以在情感上体会到愉悦的感受，如果催眠曲由母亲哼唱出来，不仅有利于婴儿入睡，而且能够训练听觉能力。

3个月之后的婴儿，就可以听一些简单的、朗朗上口的儿歌，如"小白兔，白又白，两只耳朵竖起来，爱吃萝卜爱吃菜，蹦蹦跳跳真可爱"。一切美好而有韵律的音乐，都可以让婴幼儿去听。陈鹤琴认为，音乐是婴幼儿生活中的灵魂，应当使婴幼儿生活音乐化，音乐游戏化。可以和婴幼儿做一些音乐游戏，如有节奏地拍手、敲击等，配合歌词，感受音乐的节拍、高低起伏，对语言发展也有促进作用。

（3）辨别声音的方向，寻找声源。婴儿4个月时对声源反应明显，听到妈妈的声音会转头，可以借助各种发声玩具让婴儿辨别声源方向。拿一块布将发声玩具遮住，让婴儿寻找，或者用手帕捂住自己的脸，在手帕后叫孩子的名字，引导婴儿寻找自己，这样可培养婴儿建立简单的物体恒存概念。

2. 辨别语音

婴儿出生后，辨别语音能力发展很快，两三个月就能辨别出母亲的声音。频繁的语音刺激能够快速提高婴儿辨别语音的能力。四五个月以后的婴儿有明显的发音愿望，可以和成人进行相互模仿的发音游戏，开始咿呀学语。6个月之后，婴儿就有了近似词的发音。

（1）多和婴儿说话。

经常面对面地和婴儿逗引交流，引发其对亲近的人和熟悉的声音产生反应，促使其情绪愉快，培育母婴依恋亲情。一日生活中，始终配上相应的语言，把婴儿当成一个会听你说话的人，积极与其"交流沟通"，说说你们做的每件事情，说说他的表现。

如在换尿布时可以边换边说："宝宝尿布湿了，妈妈给你换上干净的，多舒服呀！"喂奶时用欢快的语调招呼他："宝宝，吃奶啦！宝宝吃得真好！"还可以指着他的一些玩具告诉他："这是红气球！""那是布娃娃！"……渐渐地你会发现，小宝宝非常喜欢听你说话，他会很高兴地看着你发音的口型，接着就会"啊、哦"地与你应答。此时，你若兴高采烈地鼓励他，他就会因受到鼓励而应答得更加起劲。

拓展学习

婴幼儿如何学会说话？

国际上有一个很著名的研究，这个研究是想初步探讨孩子是什么时候开始学说话的，怎么开始学说话的。我们可以看到，这个研究的对象是4个月、6个月、8个月、10个月、12个月的孩子和成年人，研究方法是眼动技术，用红外摄像机追踪人的眼球运动。

具体的做法是在婴儿的面前放置一个屏幕，屏幕上是一个女性在讲故事，有两种条件：一种是用母语在讲故事，另一种是用非母语来讲故事。科学家用眼动仪来监视婴儿听故事时的眼动。

结果看起来很简单。4个月的孩子听故事时，主要看的是人的眼睛；但6个月、8个月、10个月的孩子就不主要看眼睛了，开始看人的嘴；12个月的孩子看嘴的比例下降。我们知道，这时候的孩子还不会说话，但实际上他已经开始学习了，他更多地观察人的嘴部，去学习可能的发音和动作。而成年人又更多地注意看人的眼睛了。

怎么才能证明婴儿更多地看嘴是在学说话呢？心理学家认为，实验中的第一种条件是用母语讲故事，孩子从出生就被包围在母语的环境中，学习母语说话比较容易，相比而言，学习外语说话会比较难。因此科学家设置了另一个条件，用非母语讲故事，并观察当听非母语故事时，婴儿在看什么。

结果发现，孩子在听外语故事时和听母语故事时眼睛观察的东西是不一样的，4~6个月的孩子看眼睛更多一些，从8个月、10个月，到12个月，孩子一直更多地在看嘴。

科学家的解释是学习外语比较难，所以人们相对更多地观察嘴。这是一个很聪明的实验，告诉我们小孩是怎么学习的，结果发现小孩是自发学习。其实，孩子在整个学前阶段，都是自发学习，而且非常有效的，有的时候，我们低估了孩子的学习能力。

（资料来源—舒华：《我与儿童语言阅读发展研究》，载《中国教师》，2013年第23期。）

（2）鼓励婴儿模仿，玩发音游戏。

经常和孩子做一些发音游戏，如"敬个礼，拉拉手"；"抬抬腿，踢踢脚"；"招招手，再见"；等等。要边说边做，以促进孩子对语言与动作的理解。这样可以促进孩子听觉的发展及大脑的发育，对于学习语言，增长智力都有很大益处。

（3）给婴儿念唱儿歌、童谣等。

陈鹤琴曾说过，"故事与歌谣，皆为幼稚生时代特别之好尚"。选择简短明快、富有节奏感的儿歌、童谣念唱给婴幼儿听是一种非常恰当的方式。儿歌内容浅易、通俗易懂，节奏鲜明活泼，富有童趣，是婴幼儿最早接触的文学样式之一。儿歌简短明快的节奏、自然和谐的韵律使得婴幼儿接受起来比较容易，符合婴幼儿的生理和心理发展基础。很多婴幼儿不会说话就能够哼唱儿歌，家长可以选择适合的儿歌重复播放或唱给婴幼儿听。如"好宝宝，爱唱歌，一唱就是一大箩。下雨了——沙沙沙，打雷了——轰隆隆。笑一个——嘿嘿嘿，哭一个——呜呜呜"。

3. 听懂语义

英国婴幼儿发育专家通过实验发现，婴儿约在 8 个月大的时候开始形成感知周围世界的复杂能力。也是在这个时期，婴儿开始真正理解成人的语言。因此，为了帮助婴幼儿更好理解成人的语言，需要从以下几方面来进行。

（1）丰富婴幼儿的生活内容，提供良好的语言环境。

生活是语言的源泉，丰富的生活环境和生活经验，能够激发婴幼儿的表达愿望。婴幼儿在 1 岁之前是依靠感知来理解世界的，他接触的世界越是丰富多彩，语言才越有可能获得发展。要避免让婴幼儿困守在家中，有机会尽量带他出去接触一下外界生活，如经常去公园散步，去商场超市购物，去游乐场玩耍，在这些过程中伴随着成人的语言输入，配合婴幼儿多感官直接感知，语言的发展自然会加快。研究表明，婴幼儿的家庭语言环境越好，语言能力越强。

拓 展 学 习

宝宝在家学说话：方言还是普通话？

"少小离家老大回，乡音无改鬓毛衰"，方言是一种宝贵的文化遗产，是最自然本质地表达多元文化的根基，反映着一个地方的人文特质。在我国，大多数方言都是没有文字的，只靠着人们口口相传，方言里饱含着的是对家乡的深情，长久以来，孩子学说话很多都是从学说方言开始的。

但是如今，在普及普通话的过程中，为了便于沟通交流，也为了孩子更好地学习知识、能力，许多家庭开始选择避开方言，直接教孩子说普通

拓 展 学 习

话。可是问题又随之而来了，现在很多家庭组成更加多元，家庭语言环境也愈发复杂，那么究竟该让宝宝先学方言还是普通话呢？

1.语言环境太复杂，宝宝"金口难开"

孩子学说话本来是一件很简单的事，长久以来，孩子的语言学习能力都是在无形中得到强化的。可是如今，人口流动加快，家庭的组成也是更加多元，面临普通话、方言，甚至是外语等多种抉择，让许多年轻父母为教孩子何种语言感到头痛。

家住闸北区的一位黄妈妈说，老公是武汉人，自己是山东人，目前孩子2岁了，因为双方父母都住在家里，家中交流可以说是"南腔北调"，"孩子目前说话表达很慢，有时普通话，有时夹杂方言"。

记者在采访中注意到，多种方言并存的家庭，宝宝周围的人有的说这样的话，有的说那样的话，使宝宝一直在这种"混乱"的环境下长大。在家庭中交流语言不统一，宝宝想要模仿学习很难，他不知道哪个音是正确的，再加上宝宝辨别能力差，孩子变成了跟谁在一起就学谁说话，结果学习语言的阶段拉长了，最后是连一套完整的语言也说不清了。

例如，年轻的陆妈妈每天晚上用普通话给宝宝讲故事，同一个故事，奶奶在白天的时候用方言讲，讲法不同，故事内容里的叫法也不同。妈妈再给宝宝讲故事让其指认东西时，宝宝充满疑惑，因为用多种语言来讲，造成了宝宝语言思维的混乱。

2.先学方言还是普通话？家长观点不一

那么究竟应该让宝宝从小先学方言，还是普通话？每位家长的观点差异较大。王先生选择让刚满2岁的宝宝先从方言学起，每天，王先生和太太都坚持用方言和孩子说话。"以后儿子上学了，就要天天去学校，肯定会马上学会普通话。如果现在在家，不好好让孩子学好方言，恐怕以后孩子就说不好方言了。"刘女士和王先生持有的是同样的观点："普通话不用推广，现在是官方语言，总归会说的。倒是苏州话本来就难学，不从小学起，大了就很难学会了。"

不过，也有家长担心孩子的家庭语言环境太过复杂，影响宝宝正常的语言学习。佳佳家是一个由五湖四海的人聚集起来的大家庭，语言差异较大。佳佳的妈妈从怀孕时就开始担心因家庭原因造成孩子学语言时出现"鱼

拓展学习

龙混杂"的问题。为此特地嘱咐好家人，为了孩子，尽量跟孩子说普通话。

（资料来源—陈诗松：《1岁以后再教孩子标准普通话》，

载《青年报》，2014年1月10日。）

双言环境有利于语言生活的和谐发展

　　双言环境是目前城市婴幼儿成长的典型家庭语言环境，双言环境的存在能够促进婴幼儿认知水平的发展。从社会语言学的观点看，语言不仅仅是一种社会资源，也是一种个人的资源和权利。掌握多种方言更有利于适应社会。双方言并存在中国是普遍存在的一种现象，由于国家推广普通话工作的实施，很多方言区的居民也会说普通话或者在学说普通话。双方言的存在有利于国家语言生活的和谐发展，有利于国家的发展和民族的团结。李宇明先生的"语言保护与语言沟通是当代语言生活"的两大课题，也是牵涉到国家语言政策的两大课题，解决这两大课题必须统筹考虑，中国是一个多方言、多语言、多文化的发展中大国，语言资源相当丰富，语言问题也相当复杂，造就大量的双言双语人。

（资料来源—尹静：《保姆、语言和孩子》，

载《光明日报》，2013年11月23日。）

专家点拨

　　思考：婴幼儿学语言到底是从普通话开始呢，还是从方言开始？听听专家怎么说。

　　随着经济的发展，婴幼儿的生活环境越来越丰富，语言环境也随之多样化，汉语普通话、方言、英语等外国语都成了婴幼儿的周围语言。这种多语言环境下，如何取舍成为很多家长的困惑。要不要学英语？要不要说方言？笔者建议，婴幼儿3岁以前，应该以母语发展为主，思维与语言的关系决定了人应当有一种强势语言。多种方言、外语可以作为辅助性的边缘语言来学习，但不能代替母语的地位。

（2）感知生活中的人与物，建立语音和实体的联系。

用简单的词和指令刺激婴儿用表情、动作、语音等做出相应的反应，如指认五官、水果等，并发出指令，"把苹果放在桌子上""给个笑脸"等。1岁前的婴儿语言大概处于"能听懂常用语言，但还不会说"的水平，因此，家长和教育者在与这一阶段的婴儿进行活动时，应多引导婴儿主动尝试，多感官体验事物的性质，避免单一的言语说教。

（3）在活动中多和婴幼儿交流，鼓励婴幼儿发音，不断强化。

婴幼儿的语言学习对象主要来自成人在生活中的各种表达，因此家长和教育者要尽量多和婴幼儿交流，七八个月之后就可以鼓励婴幼儿有意识地发音，如喊"爸爸妈妈"，学习用"叔叔阿姨""哥哥姐姐"等来称呼生活中熟悉的人。一旦婴幼儿模仿成人有意识地发出某个音，哪怕不很清晰，也要加以鼓励，和婴幼儿一起重复这个发音，加以强化。

在和婴幼儿谈话时，应有意识地强调物体的名称并多重复几遍。当吃饭的时候，告诉孩子"宝宝用勺子喝汤"，打扫卫生的时候说"妈妈用拖把拖地"，说的时候配合动作将这些物品指给孩子看，鼓励孩子发音"勺子""拖把"等。尽量不要用代词，比如，应该说"球在这儿"，而不说"它在这儿"。婴幼儿在与成人语言交往过程中，在自己已有发音的基础上，通过听、说等各种活动和游戏，模仿成人语气语调，最终学会说话。

（4）提供倾听文学作品的机会，特别是儿歌、故事等。

以上几种方法发展的都是婴幼儿的口语能力，在语言系统中，书面语和口语同等重要。在进入幼儿园之前，婴幼儿能通过哪些方法有效地接触到书面语呢？倾听文学作品是一个非常好的方法。在幼儿文学作品中，儿歌、简短的小故事尤为适合1岁之前的婴儿，规范化、音韵和谐、文字优美的语言能够在小小孩童的大脑中留下深刻的印象，提高其倾听语言的质量，扩大词汇量，发展其对书面语的理解能力。

（二）1～3岁幼儿听话活动个别化指导策略

1. 营造规范化的语言环境，扩展词汇量

1岁之后，幼儿的语言发展速度很快，此时，家长和教育者应该为幼儿营造规范化的语言环境，避免再频繁说"妈妈语"，家庭中不要出现太多的语言种类，一般是讲普通话，最多两种，普通话和一种方言。保教人员应该讲规范的普通话，尽量和每个幼儿每天讲话。帮助幼儿每天学习新词汇，家长可以有意识地告诉孩

子生活中接触到的物品名称，此外，还应注重图画书的使用，多开展亲子阅读，这对扩展词汇量帮助极大。

2. 多开展对话活动，鼓励幼儿模仿正确发音

多提供给幼儿说话的机会，家人一定要多和幼儿交流，每天带幼儿出门和相似年龄段的孩子一起玩耍，在日常生活中发展口语是最便捷的方式。

刚学会说话的幼儿虽然基本上能用语言表达自己的愿望和要求，但有相当部分幼儿还存在发音不准的现象，如把"吃"说成"七"，把"老师"说成"老西"，"苹果"说成"苹朵"等。这是因为幼儿发音器官发育不够完善，还没有完全掌握发音方法，发音器官的调节能力比较弱，可能会出现一些发音不全、发音替代现象。如在发"吃""师"的音时，舌向上卷，呈勺状，有悬空感，而小宝宝不会做这种动作，就把舌头放平了，于是错音就出来了。对于这种情况，教育者不要觉得孩子发音好玩、可爱，就去学孩子的错音，而是应当用正确的语音来重复，也不用刻意去纠正，打消孩子学话的积极性。只要成人坚持正确的语音输入，待幼儿发音器官发育完善，过了这一阶段，幼儿发音就会逐渐规范。

3. 延迟满足，督促幼儿学会用语言表达自己的需求

现代家庭孩子数量较少，多为独生子女，父母、祖父母、外祖父母对孩子的照料无微不至，很容易出现过度满足的情况。如孩子指着玩具架上层的积木，家人马上明白，孩子是想玩积木了，于是就把积木取下来递给他，这种提前满足要求的方法不利于婴幼儿语言发展，因为他不用提出要求，成人就能明白他的意图，并给予满足，而婴幼儿则失去了一次说话的机会。久而久之，幼儿的语言能力就会停滞不前。正确的方法应该是抓住一切机会让幼儿试着自己表达，如上面的情况，成人应抓住机会问孩子："宝宝你想要什么？"孩子可能会用手指积木，这时应继续和他对话："宝宝想玩积木吗？"引导孩子说出"积木"或"玩积木"，加以表扬后再将玩具取下来交给孩子。

还有一些家庭父母、祖父母忙着做自己的工作或家务，难得有闲暇休息，业余时间可能用在看手机等电子设备上，虽在生活上对婴幼儿照顾巨细靡遗，但不愿意花时间和孩子进行语言互动，发展幼儿语言的意识较弱。这部分家长应改变观念，将家庭当成孩子的第一所学校，尽量创造积极互动的家庭氛围，幼儿在语言上能够得到快速发展，情绪情感也会更加积极健康。

4. 给幼儿提供倾听文学作品的机会

倾听活动是培养婴幼儿语言能力的重要途径，有其存在的独特价值。倾听能力好的幼儿有更好的专注力，理解力更强。倾听文学作品相对于观看文学作品改

编的动画片、电影等更能促进幼儿语言能力的发展。有研究认为，倾听比阅读要困难，因为倾听是一个包括听到、注意、辨别、理解及记忆的心理过程。幼儿倾听文学作品特别是故事时，如果想听得懂、听得有趣，必须要全神贯注，将听到的语言在头脑中加工成自己能够理解的符号，这个过程对幼儿的大脑机能要求非常高，对于想象力的发展也有促进作用。听的内容丰富之后，还可以鼓励幼儿试着将听到的故事复述出来，这对幼儿口语表达能力的提高大有裨益。

拓展学习

久看电视可导致儿童语言障碍

2008年，阿根廷有5000多名婴幼儿因语言障碍前往布宜诺斯艾利斯的公立医院就诊。专家认为，父母与子女之间缺乏对话和长时间观看电视都会影响婴幼儿的语言发展，造成婴幼儿语言障碍，如口吃和发音不准，甚至导致语言能力缺失。

语言听力学专家西尔维娅·胡里说："问题多出现在2～5岁的孩子身上，如果得不到及时治疗，孩子会在学校的学习过程中遇到更严重的困难。"

不同生活水平的家庭中都存在此类病例，但来自中产阶级家庭的孩子就医的情况显著增加。胡里说："这与社会经济问题无关，而与家庭内的沟通情况有密切联系，快节奏的生活也对此产生很大影响。越来越多的孩子因为每天观看四五个小时的电视而出现问题。"另一位语言听力学专家加芙列拉·迪皮拉说："家长让子女观看电视的时间过长，最终导致他们脱离社会，丧失沟通能力。他们不活动，不玩耍，缺乏表现力。"

专家认为，幼儿到了一岁半时应该能说出单词，两岁开始组织简单句子，否则就需要就医。主要的幼儿语言障碍包括口吃、发音不准和语言缺失。

此外，听力问题也有可能影响语言能力的发展。迪皮拉指出："如果家长发现孩子将电视的音量调得很高，离电视很近，或者多次问'什么？'，那么他们也需要就医。如果这些情况持续存在，那么孩子学说话时就会遇到语言障碍，因为他们可能听不到语音或某些发音较弱的字母。"导致婴幼儿患上语言障碍的主要原因是社会因素，也就是说来自家庭内部的原因。胡里说："家长应当让孩子健康成长，多和他们交流，避免他们长时间观看电视节目，还要乐于回答孩子的问题。"

（资料来源：《久看电视可导致儿童语言障碍》，载《世界教育信息》，2009年第1期。）

拓展学习

婴幼儿常玩手机或影响语言发育

不少父母发现手机、iPad、电子游戏机是"哄娃利器"，但加拿大研究人员发现，六个月至两岁大的婴幼儿接触这类带屏幕的电子设备越多，出现语言发育迟缓的风险越高。

多伦多儿童医院研究人员征募了近900名父母和婴幼儿，让父母报告自家宝宝18个月大时使用手机等带屏幕电子设备的时间，以分钟计，之后又评估婴幼儿18个月大时的语言发育水平，比如是否会发出声音或单词吸引他人注意或寻求帮助，是否会说短语，知道多少词汇等。

结果显示，20%的宝宝平均一天接触手机等设备28分钟。研究人员发现，每日接触手机时间每增加30分钟，宝宝出现语言发育迟缓的风险增加49%。

研究人员在"2017儿科学术协会年会"上公布上述结果。《印度斯坦时报》援引研究人员的话称，这项研究只显示婴幼儿接触手机与语言发育迟缓存在关联，需要进一步研究两者是否存在因果关系。

美国儿科学会建议，未满18个月大的婴幼儿禁止使用带屏幕的电子设备，与家人视频聊天除外；18个月至24个月大的幼儿，父母可以选择一些高质量的节目让宝宝观看，但必须陪伴在旁，适当讲解以帮助理解。

（资料来源—黄敏：《婴幼儿常玩手机或影响语言发育》，

载《新华每日电讯》，2017年5月12日。）

尽管早期接触电子屏幕对婴幼儿各方面发展有负面作用，但在当前社会家庭中，婴幼儿接触电子屏幕已成为无法避免的事实。在这种情况下，作为保教人员，应如何给予家长合理的建议呢？

拓展学习

扫描文旁二维码了解如何利用电子屏幕促进儿童发展，思考：高质量的电子屏幕内容应该具有哪些特征？

二、0～3岁婴幼儿个别化听话活动案例

0～3岁婴幼儿的个别化听话活动主要是指家长对孩子实施的听话活动，既可以利用日常生活中的各种机会来随机进行，也可以有目的有计划地专门开展，以便提高婴幼儿感知声音、理解语义的能力。当然，这些听话活动最好是基于婴幼儿已有经验、以日常生活为场景创建的。

（一）0～1岁婴儿个别化听话活动举例

1. 感知声音活动

（1）好玩的拨浪鼓。

适宜年龄：0～2个月

活动目标：通过听不同距离、强度的声音，提高婴儿的听觉敏感性。

活动准备：拨浪鼓一个。

活动过程：

①距离一侧耳朵20厘米左右，摇动拨浪鼓，观察宝宝的反应，看其是否会找寻声源；

②距离一侧耳朵50厘米左右，再次摇动拨浪鼓，观察宝宝反应灵敏度是否有变化；

③每天2～3次，仔细观察宝宝对声音的反应，是否越来越灵敏。

活动提示：拨浪鼓的声音不要太响，力度要柔和，避免宝宝受惊吓。

（2）摇篮曲哄睡。

适宜年龄：0～1岁

活动目标：听摇篮曲，提高听觉敏感性，刺激婴儿的听觉器官发展。

活动准备：节奏舒缓的乐曲两首，宝宝吃饱后并心情愉悦。

活动过程：

①家长抱着宝宝，播放催眠曲，妈妈唱给宝宝听也可以；

②边听边哼唱打节拍，轻轻拍宝宝的背部；

③换一首乐曲，重复以上步骤。

活动提示：周围环境尽量安静，可以每日定时进行，如晚上睡觉之前。

（3）打招呼。

适宜年龄：4～6个月

活动目标：让婴儿感知各种人物的称呼，领会打招呼的友好含义。

活动准备：带着宝宝到户外散步。

活动过程：

①遇到熟悉的邻居，成人向邻居打招呼，"你好"；

②对宝宝说"宝宝向阿姨／叔叔／哥哥／姐姐问好"，让宝宝学会点头问好；

③离开时再示范一次"再见"，并摆手，让宝宝学习与人相遇与分开的区别。

活动提示：这个时期的婴儿还不会说话，成人不要急于让婴儿开口，随着这种场景的不断重复、再现，婴儿脑海中会逐渐增强与人打招呼、说再见的语言意识，等到下一个语言萌芽阶段的到来，婴儿会很快学会。

2. 辨别语音活动

（1）可爱的小动物。

适宜年龄：2~3个月

活动目标：辨别常见动物的叫声，学习唇舌运动。

活动准备：常见动物如猫、狗、牛、羊等动物叫声录音及对应图片。

活动过程：

① 向婴儿展示猫的图片，并播放猫叫声录音，同时说"这是猫，猫会这样叫，喵喵喵"，可重复3~4次；

②大声念唱有关猫的儿歌，如"小花猫真美丽，一天到晚笑眯眯，小花猫我爱你，请你同我来游戏"；

③同样的步骤让婴儿感知辨别狗、牛、羊的叫声。

活动提示：模仿猫狗等叫声时要缓慢，嘴巴张大，声音洪亮，眼睛注视婴儿。根据婴儿状态及时调整活动时长，不一定每次都要辨别三四种声音。

（2）骑马唱歌。

适宜年龄：5~6个月

活动目标：感受节奏和韵律，听懂儿歌，学会语言配合动作。

活动准备：婴儿情绪佳即可。

活动过程：

① 将婴儿抱坐在膝上，面向前方，成人双手扶稳婴儿，让婴儿有骑在马上的感觉；

②成人唱儿歌"骑大马，骑大马；上高山，跨过河；咯噔咯噔，跨过河"，边唱边用腿按节拍上下抖动；

③婴儿很喜欢这种有韵律的游戏，练习几次后，当听到"咯噔咯噔"时，身体便会做好准备，一听到"跨过河"时，会自动向高处一跃，配合妈妈的动作。

活动提示：诵唱其他童谣也可使婴儿配合做动作，在某几个音节出现之后会有一个有趣的动作。婴儿会以那几个音节作为开始动作的征兆，主动去配合童谣的表演。

3. 听懂词义活动

儿歌《小手》。

适宜年龄：7~9个月

活动目标：婴儿能听懂儿歌，跟着儿歌学会做动作。

活动准备：儿歌《小手》。

活动过程：

①成人与宝宝面对面坐在垫子上，先将手藏在背后，与宝宝玩找小手的游戏，问问宝宝小手在哪？成人将手拿出来，拍一拍手，然后让宝宝模仿，小手发出好听的声音；

②说儿歌《小手》，"小手，小手，你在哪里？你在哪里？我在这里，我在这里，请不要动，让我们一起拍拍手"，并做动作，让宝宝跟音乐做动作试唱儿歌；

③反复练习。

活动提示：成人在教宝宝儿歌时，动作要做得夸张、形象。

（二）1~3岁幼儿个别化听话活动举例

1. 倾听大自然

适宜年龄：1~3岁

活动目标：辨别大自然中的各种声音；尝试将听到的声音表达出来。

活动准备：选择安静优美的户外活动场所。

活动过程：

①带孩子到公园去，认识大自然中的花草和小动物。

②到大树下，让孩子闭上眼睛，听树上小鸟的叫声。（流水声、风声、猫叫声、喷泉声、游玩时吵闹声等都可以）

③问孩子听到了什么声音？好听吗？让他们尽量用语言表达出来。

活动提示：先让孩子观察，再倾听。

2. 猜猜我是谁

适宜年龄：1.5~3岁

活动目标：辨别不同的声音，培养准确的听音能力。

活动准备：录音机。

活动过程：

①成人提前将孩子熟悉的声音录下来，如爸爸妈妈等亲人的声音，熟悉的小伙伴的声音，熟悉的乐器声音、汽车喇叭声、常见小动物叫声等。

②逐一播放，让孩子来猜猜是谁的声音。

③可与孩子共同模仿一些有趣的声音。

活动提示：刚开始播放时，尽量选择一些差别较大的声音，以免孩子猜不出而产生挫败感。

学习检测

1. 简述婴幼儿各年龄段听话能力发展特点。

2. 0～3 岁婴幼儿听话活动集体指导策略是什么？

3. 0～3 岁婴幼儿听话活动个别化指导策略是什么？

4. 你认为婴幼儿的听话活动在哪个年龄段进行效果最佳？

实践体验

1. 在亲友的孩子中选择一名 0～3 岁婴幼儿，观察记录其听话能力的发展特点，判断其发展水平。

2. 到婴幼儿保教机构观摩语言活动，记录下听话活动的活动过程及保教人员的指导策略。

3. 萱萱从 1 岁开始玩电子产品，话还不会说，游戏打得比妈妈都厉害。家人起初以为孙女智商过人，但随着孩子的成长，家长发现孩子手机玩得好，但搭积木就不行，而且萱萱不太合群，不喜欢户外活动，也不爱和小朋友一起玩，自己在家玩游戏时，还常大喊大叫，冲动行事，直到 2 岁时才会说话。

请你分析一下，萱萱的语言发展能力如何？与她的年龄阶段相符合吗？原因是什么？

单元五　0～3岁婴幼儿说话活动

导言

　　1岁以后，大多数幼儿说出了第一个有意义的词，开始说话，这代表着经过生命中第一年的积累，如对声音的感知、语义的理解等，幼儿的语言能力上了一个新的台阶。幼儿开始会说"爸爸""妈妈""宝宝"等词，慢慢地学会用单个词代表丰富的含义，词汇增长越来越快。1.5岁的幼儿开始出现简单的句子表达，如"妈妈抱抱"，意思是"妈妈，请你抱抱我"。2岁左右幼儿的发音逐渐规范，开始说出复合句、疑问句等，慢慢能说出完整的句子。到了3岁，幼儿已经掌握了基本的语法规则，基本能够和成人进行无障碍的交流。教育者在这一阶段应给幼儿提供更多的机会听与说，促进其说话能力的发展。

学习目标

1. 了解说话活动的本质与内涵。

2. 掌握0～3岁婴幼儿说话能力的发展阶段。

3. 学会设计0～3岁婴幼儿集体说话活动并掌握其指导策略。

4. 学会设计0～3岁婴幼儿个别化说话活动并掌握其指导策略。

知识导览

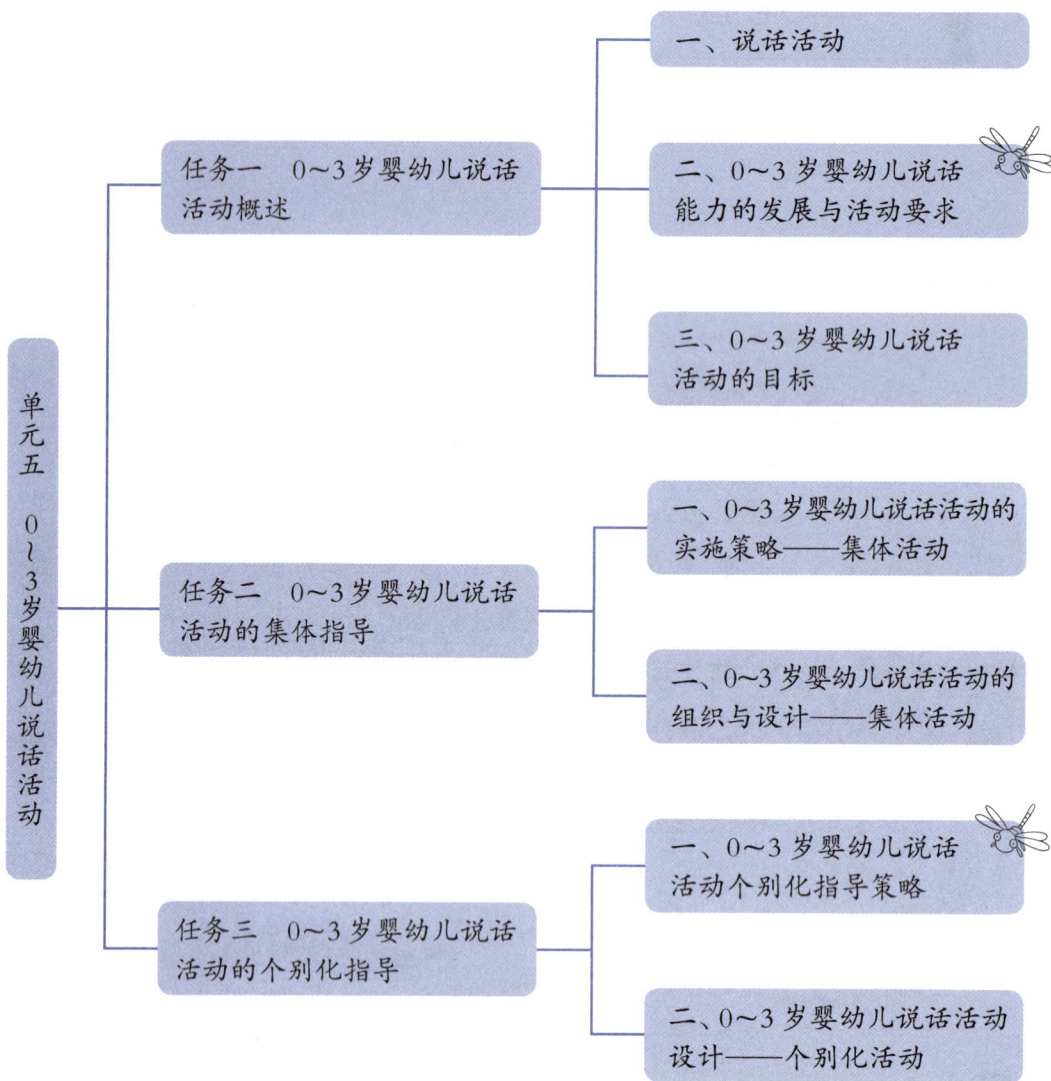

单元五 0～3岁婴幼儿说话活动

任务一　0～3岁婴幼儿说话活动概述
　　一、说话活动
　　二、0～3岁婴幼儿说话能力的发展与活动要求
　　三、0～3岁婴幼儿说话活动的目标

任务二　0～3岁婴幼儿说话活动的集体指导
　　一、0～3岁婴幼儿说话活动的实施策略——集体活动
　　二、0～3岁婴幼儿说话活动的组织与设计——集体活动

任务三　0～3岁婴幼儿说话活动的个别化指导
　　一、0～3岁婴幼儿说话活动个别化指导策略
　　二、0～3岁婴幼儿说话活动设计——个别化活动

任务一　0～3 岁婴幼儿说话活动概述

婴幼儿的思维发展一直是心理学家们研究的热点。皮亚杰认为，婴幼儿的智力活动是从出生后的四五个月到七八个月开始的，这个阶段正是婴幼儿开始将实物与语音建立联系的时期，即此时语言开始萌芽。语言与思维是互相促进、互为发展的，一个人的母语如果掌握得不够熟练，就不可能有深刻的思维。说话是语言发展中非常重要的一个部分，必须抓住 0～3 岁的关键时期，与婴幼儿多开展说话活动，发展其语言能力和思维能力。

一、说话活动

说话活动是指用语言表达思想、与他人进行交流的活动，是培养婴幼儿学会运用语言与人交流的语言教育活动。0～3 岁是人类大脑发育的关键期，也是一生中语言发展最快的一个阶段，在这一时期对婴幼儿进行说话能力的培养，效果最显著，时机最关键。

婴儿从呱呱坠地到会坐、会爬、会走，都必须经过一番内在与外在的努力，语言发展也一样。婴幼儿为了适应外在环境，慢慢学会如何回应外来的各种刺激，从对声音的敏感到了解某个声音的意义，经过自己的思考和推理而最终表达出来的过程，就是口语的表达过程。

语言对婴幼儿的智力发展有重要促进作用，研究表明，婴幼儿与父母之间关系平等，相互尊重，保持沟通交流，智商明显比同龄人高。维果茨基认为，语言对于心智成长绝对重要。

"学会说话可能算得上是人生中最大的智力飞跃了：它为人类打开了通往新世界的大门，让孩子可以自由提问、推理、社交、评判（是非），推动一切知识的学习，而孩子也可以羽翼渐丰，最后展翅翱翔。从多个角度来看，语言都是人类心智的一个特殊模块，也是很多智能行为的重要基础。"[①]

---

① 莉丝·埃利奥特：《大脑与心智的最初 5 年》，章薇译，326 页，海口，南海出版公司，2017。

二、0~3 岁婴幼儿说话能力的发展与活动要求

（一）0~3岁婴幼儿说话能力的发展

1. 0~1 岁婴儿说话能力的发展

0~1 岁是婴儿语言发展的准备期。从一出生时只能用啼哭来表达各种需求，新生儿的哭声没有特殊的意义，到第 2 个月，婴儿哭声开始分化，不同原因的哭声从声调、频率上有了区别，主要照料者能够从哭声的不同分辨出婴儿的不同需求。第 3 个月开始，婴儿心情愉悦的时候会发出"a""o""e"等元音，4 个月开始笑出声音，大约 5 个月以后发音愿望增强，喜欢和家人进行相互模仿的发音游戏，渐渐能够发出类似"ma-ma""ge-ge"这样的连续音节。7 个月以后发音越来越丰富，能够发出重叠性双音节和多音节，如"a-ba-ba-ba""da-da-da"等近似词的发音。9 个月以后咿呀学语的发音更加复杂，能够发出一连串变化不同的辅音加元音的音节，如"a-jue-lu-bi""dà-du-dà-du"等，音调开始多样化，能够模仿一些成人的发音，为正式开始说话做好了准备。大多数婴儿在 10~12 个月说出第一个有意义的词，标志着语言的正式开始。

这一期间，婴儿逐渐从以"听"为主转向"多听少说"。婴儿在这个阶段虽然真正会说的字词很少，但说话活动仍然非常重要，教育者应尽可能多地与婴儿开展说话活动。

2. 1~2 岁幼儿说话能力的发展

1~2 岁是幼儿语言发展的发生阶段。经过前一年的准备阶段，幼儿语言在第二年进入快速发展期，这一时期，幼儿能够理解的语言大大增加，但能说出的话相对还较少。

（1）1~1.5 岁，单词句阶段。

在这个阶段，幼儿的语言表达主要以单词句出现，幼儿经常用一个词来表达丰富的含义，这个词经常是重叠音，如"饭饭"表示"我饿了，我想吃饭"。此时，幼儿掌握的词汇基本上是与日常生活紧密结合的名词或动词，如"牛奶""娃娃""椅子""拍手"等。

这一阶段幼儿会以声代物，能够给常见物体命名。如把小狗称作"汪汪"，把小猫叫作"喵喵"或"喵呜"，或者用某种声音来代表人的某种活动，如用"嘘嘘"声代表小便。[①]这种情况与成人的示范有关，也和幼儿认知能力提高有关，他

---

① 张明红：《婴幼儿语言发展与教育》，92 页，上海，上海科技教育出版社，2017。

们已经学会用声响来给生活中经常见到的物体或现象命名，这种声音对幼儿来说是直观感知到的，印象最深刻。除了用声音之外，还有的幼儿会用气味、动作等来命名，如将大便称为"臭臭"，护肤品称作"香香"，虫子称为"爬爬"等。

（2）1.5～2岁，双词句阶段。

1.5岁之后，幼儿会从一个短暂的沉默期走出来，重新燃起对语言学习的热情，进入词汇爆发时期，称为"词语爆炸现象"。一般来说，幼儿在10～15个月间，平均每个月掌握1～3个新词。到19个月，幼儿已经能够掌握50～100个词。据曾涛的研究，幼儿在词汇量达到50个词时开始进入词汇飞跃期，而达到这一水平的平均月龄是18.33个月。[①]2岁左右的幼儿词汇量约300个，这半年中基本上每天幼儿都能学会新词汇。这段时间也是幼儿的反抗期出现阶段，在强烈地表达自己意见的支配下，他们开始学会使用否定句和疑问句。

词汇量的快速增加为句子的出现奠定了基础。从1.5岁开始，很多幼儿开始说出"妈妈抱抱""宝宝觉觉"这样的双词句，又称为电报句。

这一阶段的幼儿虽然在说话能力上有了很大发展，但仍然会有一些问题，如发音不准、词义泛化等。发音不准是正常现象，是幼儿发音器官没有发育完善的缘故，随着月龄的增长，会慢慢改善。

泛化是指某个语言单位的使用超出了目标语言的范围。如幼儿学会了"球"这个词以后，把所有圆的物体（月亮、西瓜）等都叫作"球"，这种泛化是因为词汇之间有一定的相似性造成的，随着幼儿词汇量的不断增加，词义泛化现象会很快结束。

3. 2～3岁幼儿说话能力的发展

2～3岁是幼儿语言的发展阶段，是口语发展的关键期。这一时期，幼儿在语音、词汇、语法方面有很大的进步，口头表达能力也大大提升。幼儿开始能够说简单的句子，已经掌握了与日常生活有关的最基本的词汇，逐渐用语言来表达自己的需求，喜欢与他人用语言来交流，会正确地使用代词"我""你"等。到3岁左右，大部分幼儿开始出现复合句，词汇量达到1000个左右。

（1）开口说完整的句子。

幼儿在此阶段语言从2岁之前的双词句向简单的句子过渡，句子的长度不断增加，能说出"爸爸去上班""宝宝肚子饿了，想吃饭"这样一些完整的句子。但很多时候，这些句子仍然需要配合实际情境才能理解。

---

① 曾涛：《儿童早期词汇发展中的词汇飞跃现象》，载《当代语言学》，2009年第1期。

活动视频

　　观看视频 5-1-1，两岁半的毛豆在看书并向妈妈复述书中的故事，仔细听，他一共说了几个完整的句子？

视频 5-1-1

　　（2）语音基本稳定，发不出的语音和错音明显减少。

　　随着幼儿发音器官的成熟，各发音器官的运用越来越协调，幼儿的发音越来越准确，大多数语音都能够顺利发出，但仍然有部分声母发音有困难，如将"公鸡"说成是"东鸡"，部分舌尖音，如"zh、ch、sh、r"等仍然发不清楚，这种情况一般要持续到 4 岁左右。

　　（3）喜欢提问。

　　2 岁左右是幼儿疑问句的主要产生时期。这个阶段幼儿喜欢问"这是什么？""那是什么？""为什么地球是圆的？""月亮为什么挂在天上？"等涉及物质本原的哲学问题，不管是家长还是教育者很多时候都难以回答。此时不应回避，而应和幼儿一起寻找问题的答案，鼓励幼儿提出问题，在幼儿心中种下好奇的种子。

　　（4）进入"语法爆发期"。

　　2 岁时，幼儿开始把习得的词汇组合在一起成为简单句，2.5 岁左右可以说 3～4 个词的句子，3 岁前后，幼儿说的句子长度达到 5～6 个词，还有复合句出现。幼儿能够非常恰当地运用语法规则将这些词组合在一起，这一阶段就是"语法爆发期"。[①]这一时期，幼儿在语法能力上有了阶梯式的进步，通过语言，他们能够表达心中的许多想法。语言开始作为一种符号化的工具被幼儿使用，抽象化的词汇慢慢出现。

拓展学习

2～3 岁儿童语言发育迟缓筛查标准

　　2 岁以后儿童语言水平的评估除词汇量外，尚需包括语法结构。综合词汇和语法的研究结果，将 2～3 岁儿童语言发育迟缓的筛查标准拟定为：24 个月词汇量少于 30 个，30 个月男童结构表达量少于 3 个，30 个月女

① 张明红：《婴幼儿语言发展与教育》，129 页，上海，上海科技教育出版社，2017。

拓展学习

童结构表达量少于5个。2～3岁儿童语言发育迟缓可能的筛查标准拟定
为：24个月词汇量少于50个。30个月男童结构表达量少于5个，30个月
女童结构表达量少于8个。

（资料来源—章依文，金星明，沈晓明，张锦明：《2～3岁儿童

语言发育迟缓筛查标准的建立》，载《中国儿童保健杂志》，

2003年第5期。）

（二）0～3岁婴幼儿说话活动的要求

1. 0～1岁婴儿说话活动的要求

0～1岁是婴儿听力发展的最关键时期，这一年中婴儿以听成人说话为主，自己很少开口，但成人仍应抓住几个关键时间点，与婴儿开展说话活动。

（1）3个月为发声期。

3个月的婴儿偶尔能够发出"咕咕"声，开始尝试模仿发音，心情愉悦的时候会发出"a、o、e"等音。这时成人应有意识地与婴儿说话，成人可以反过来模仿婴儿的发音，说话的时候注视婴儿的眼睛，用简短的"妈妈语"与婴儿进行交谈，说话的时候语言与动作、表情相互配合。

（2）5～6个月为咿呀学语期。

大约5个月开始，婴儿开始进入咿呀学语期，他们非常喜欢"说话"，与成人交流的愿望大大增强，能够无意识地发出"啊呜""gege""mama"等音，学会发出辅音"d、n、m、b"等。成人应在此时期多与婴儿开展各种说话活动，对婴儿的发音作出积极反馈，用抬高的语调和夸张的表情来鼓励婴儿"说话"，相互模仿发音。生活中丰富婴儿的认知，多接触大自然。

活动视频

观看视频5-1-2，6个月的宝宝已经能够和成人"对话"，能对于成人的逗引作出积极回应。想一想视频中的宝宝是在模仿成人"说话"吗？

视频5-1-2

（3）10~12个月为语言萌芽期。

多数婴儿在这个阶段开始说话，说出第一个有意义的词，人生中第一次叫"爸爸""妈妈"。这一时期，婴儿开始真正理解成人的简单语言。应抓住这一时期和婴儿进行丰富的说话活动，如用"话语反应判定法"来仔细观察，当听到"宝宝，妈妈在哪里"，婴儿会有转动头部或手指指示等相应的动作。成人还可以和婴儿玩一些亲子游戏，多进行话语交流。

2. 1~2岁幼儿说话活动的要求

这一阶段的幼儿会观察说话者的动作和表情，所以成人在和幼儿交流时可以故意加强某个重点字和关键动作，帮助幼儿增强语言表达的能力。幼儿已经可以理解简单的代名词，会倾听别人说话并发表自己的意见，和成人进行交流。这个阶段成人和幼儿说话时，语速不要太快，可以适当重复幼儿所说的话。另外，随着幼儿说话能力进一步提高，他们说话的欲望也在明显增加，开始追着大人问"这是什么""为什么要那样"。成人可以利用幼儿好问的特性，给他们提供更多的机会接触外界事物，有效地引导孩子扩大词汇量，增强其口语表达能力。

（1）成人可有意识地训练幼儿说完整的话。1岁的幼儿正式开始学语阶段，要根据幼儿的语言发育特点，结合具体事物、情景、动作，反复地耐心训练幼儿。如给幼儿糖块或饼干时说："给你一个，给爸爸一个。"然后说："你一个，他一个。"让幼儿跟着模仿。

（2）成人应逐渐让幼儿主动叫"爸爸""妈妈"，学会说出自己的名字和亲近人的称呼。可以利用镜子或相片，问幼儿："这是谁？"带幼儿多到户外走走，让幼儿接触不同的事物，并且要边看边讲解，告诉他名称。在日常生活情景中教宝宝说"谢谢""再见"等用语；也要让宝宝学做一些判断，说"是""不是""要""不要"等。

（3）让幼儿听故事，学唱儿歌。幼儿文学作品中的语言符合婴幼儿心理发展特点，深受幼儿喜爱，可以多和幼儿一起阅读故事，鼓励幼儿针对故事内容提出问题，学唱一些朗朗上口、音韵简单的儿歌。

（4）正确的语言示范。2岁左右的幼儿学习说话的积极性最高，他们学说话的重要方式是模仿成人。无论"文明话"或"脏话"他们都同样感兴趣，都要模仿。因此，保教人员和家长应该注意言传身教，用文明的语言讲话，不说脏话，这对幼儿文明健康语言的发展至关重要。如果幼儿偶尔讲了不文明的话语，成人逗趣或过于严厉地呵斥都是不恰当的，这会强化幼儿不正确的语言习惯。一般情况下，幼儿偶尔讲脏话是一种模仿，是无意识的，只要脱离这种不文明的语言环境，再加上合理沟通，自然会改正。

此外，幼儿1岁以后，成人就要逐渐减少说"妈妈语"或儿语，如"睡觉觉，吃肉肉"等，特别是1.5岁之后，成人应尽量用标准的语音来和幼儿讲话。当孩子发错音时，成人不用刻意去纠正，只要坚持正确地示范就可以。但很多成人觉得孩子小，与他这样交流亲切又好玩，有时就有意逗他，或故意学他错误的发音。时间一长，错误的发音一旦固定，以后就很难改正，因此成人应该及时纠正幼儿错误的发音，耐心地教幼儿发比较困难的音，如舌根音、舌尖音等。

刚开始说话的幼儿语病错误多，成人不能笑话或训斥他。不然，幼儿在人前会不愿说话，很容易造成性格孤僻，影响智力发展。成人应鼓励幼儿多说话，给他们创造说话的机会，发现语病及时纠正，帮助他慢慢把话说完，不要急着代替孩子说话，而应让孩子有更多的语言交流的机会。

3. 2～3岁幼儿说话活动的要求

2岁时，幼儿语言发展进入一个稳定上升期，这个阶段会一直持续到5～6岁。2岁以后，幼儿词汇量稳步上升，大量吸收周围环境的语言，3岁左右幼儿的词汇量达到上千个，是2岁时的3倍左右。这一时期，成人应继续和幼儿尽量多地进行语言交流，丰富他们的生活素材，组织一些有趣的语言活动让幼儿参与其中，提供与同龄人交流的机会等，促进幼儿的语言健康发展。

（1）为幼儿选择适宜的文学作品。

幼儿文学作品是专门为幼儿创作的适合幼儿年龄特点和接受能力的文学作品，能够帮助幼儿扩大视野、认识社会和自然。2～3岁幼儿口头语言表达能力发展较快，开始学会用连贯的语言表达意思，但对外界的认识带有明显的具象性。选择合适的幼儿文学作品，能够让幼儿通过有趣的作品来认识世界。同时，这些作品中的语言通俗易懂，结构简单，易懂易诵，幼儿能够在有趣的阅读中体会到书面语言的魅力，扩大词汇量，增强对现实世界的认知。

（2）多提供机会让幼儿与同龄人交流。

这个阶段的幼儿开始喜欢和同龄人一起游戏，在游戏中经常会出现相互模仿对方的语言和动作，成人可能完全听不懂，但幼儿在一起说着他们都能"听"得懂的语言，即便是说不同种类方言的幼儿也可以畅"言"无阻。

成人和幼儿说话多是提供一种范例，2岁多的幼儿还难以达到成人的语言水平，因此，说起话来难免会有隔阂。而幼儿与幼儿之间语言发育水平相似，词汇量差不多，共同语言较多，说起话来自然更加无所顾忌，而这种无所顾忌正是口语表达能力提高的一大"法宝"。

案例

　　2015年8月，笔者去江苏扬州游玩，与当地一个朋友相约见面。其时，笔者的女儿微微两岁半，朋友的儿子杭杭3岁。我们许久未见，聊起往事，谈兴很浓，无暇顾及两个孩子。经过短暂的初始的陌生，两个孩子很快就玩在一起，叽叽喳喳地聊天。微微说江苏沭阳方言，杭杭说扬州方言，尽管这两种方言都属于北方方言中的江淮官话，但差异颇大，一般来说，初次见面的人难以互相理解。但孩子们似乎完全无视这种方言上的不同，聊得不亦乐乎，甚至钻到了桌子底下边聊边玩（图5-1-1）。微微和杭杭说的话我难以完全听懂，朋友说他也听不大懂，似乎是两个孩子在互相融合，"创造"出一种双方都能理解的语言。

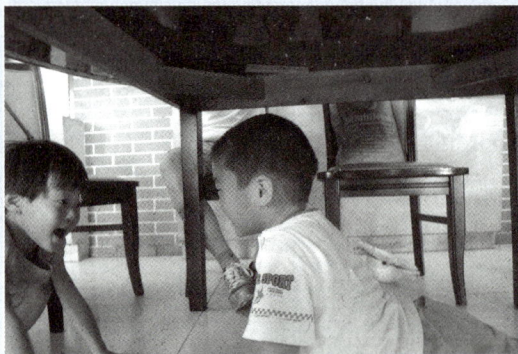

图 5-1-1

　　（3）多开展语言游戏，在游戏中创造语言交流的环境。

　　幼儿对游戏有天然的兴趣，多开展语言游戏，讲故事、唱歌、念唱儿歌、背诵古诗等，尽量让幼儿能够参与到游戏中。提问题是一种促进幼儿语言发展的重要手段，游戏过程中，成人要循序渐进地向幼儿提出问题，可以先问一些选择性的问题，如"狼和小羊的故事里你是喜欢狼还是喜欢小羊呢？"再问开放性问题，如"如果你是狼，会不会吃掉小羊呢？"成人要多鼓励幼儿回答这些问题，如果有困难，可以降低难度，当幼儿回答问题时，要多加鼓励，增加其说话的成就感。

　　集体游戏时，应有意识地设置幼儿语言交流的环节，鼓励幼儿模仿成人的语言，将游戏过程用简短的语言描述出来，有疑问时鼓励幼儿提问，不回避问题，和幼儿一起寻找问题的答案。

三、0～3 岁婴幼儿说话活动的目标

根据卫生部颁布的《3 岁前小儿教养大纲》以及北京、上海等地出台的 0～3 岁婴幼儿教养大纲、方案、指南等，确定 0～3 岁婴幼儿说话活动的目标如下：

（1）喜欢发音游戏，能够发出"咕咕"声，会发"a""o""e"等音。

（2）学会连续发音，发出成串的"bababab a"等音。

（3）尝试模仿发音，喜欢玩语音游戏。

（4）会说爸爸妈妈及常见亲人的名称。

（5）学会与人打招呼，会给周围的事物命名。

（6）学说普通话，说完整的句子，用语言表达自己的情绪。

（7）喜欢看图画书，能够复述熟悉的故事，念唱儿歌。

任务二　0~3岁婴幼儿说话活动的集体指导

说话活动是指用语言表达思想、与他人进行交流的活动，开展说话活动旨在提高婴幼儿的语言表达能力。说话活动的主要目标是：提高婴幼儿说话的兴趣，让婴幼儿习惯以说话的方式来表达内心情感；培养婴幼儿准确发音的能力；学会说普通话，能够用普通话和成人进行简短的交流，语法准确，表达流畅。从6个月到3岁，是婴幼儿口语发展的关键期，家长和教育者都应重视此时期婴幼儿说话能力的发展。

一、0~3岁婴幼儿说话活动的实施策略——集体活动

集体说话活动不仅仅是日常说话，还包括教育者围绕某一主题有目的、有计划开展的引导婴幼儿提高运用语言能力的活动。在0~3岁婴幼儿语言教育中，说话活动具有非常重要的作用，需要遵循以下策略。

（一）正确示范，规范使用普通话，说话应生动有趣，符合婴幼儿的心理发展特点

教育者首先应当说普通话，声音圆润洪亮，干脆有力，根据婴幼儿不同的年龄特点呈现的话语也应有所不同。如与1岁以下的婴儿说话话语要简短，每句话尽量不超过6个字，便于婴儿理解；1~2岁的幼儿慢慢能够理解生活中常见的名词和动词，但发音还不准，教育者要注意每句话中的重要词语尽量不超过3个，不用长的复合句；2~3岁的幼儿词汇量增长迅速，能够将不同的词语组合到一起，顺序也不再颠三倒四，会给物体命名，开始说完整的句子，理解词语的意义，而不需要借助于实物，这个阶段和幼儿交流，教育者不用有太多的顾忌，除了特别长的复合句外，一般的句子幼儿都能够理解。

教育者在面对3岁以下婴幼儿说话时，言语表情可以适当夸张，需要时可配合动作。研究表明，6岁以下婴幼儿更喜欢夸张的表情和动作。

（二）合理利用各类婴幼儿文学作品，提高婴幼儿口语表达能力

婴幼儿语言的发展，主要是在环境中习得的。婴幼儿首先应听到大量的语音，经过大脑一系列复杂的加工逐渐学会发音、说话。日常生活中，婴幼儿所听到的语言大多是口语，书面语接触较少。因此，在2岁以上的幼儿集体说话活动中，

可以利用故事、诗歌、散文等文学作品，为幼儿提供学习书面语的机会。如幼儿诗《秋风》：

秋 风

秋风吹，树叶摇，

红叶黄叶往下掉。

红树叶，黄树叶，

片片飞来像蝴蝶。

教育者可以和幼儿一起朗诵《秋风》，感受秋叶美的意境，学会一些典雅的文学语言。还可以向幼儿提问："小朋友们见过落叶吗？是在什么时节呢？见过哪些颜色的落叶？"当幼儿回答"秋天""红色"等答案时，教育者用补充话语的方式来应答，如"我们在秋天能够见到落叶""我曾经见过红色的落叶"等，来提供完整语言的示范，用问题交流的形式提高幼儿口语表达能力。幼儿在家长的帮助下还可以收集不同种类的落叶，手工制作成不同的形状，此过程中幼儿的认知、语言、动作、审美能得到全面的发展。

2岁以下的婴幼儿也可以多听旋律轻快的儿歌、简单有趣的故事，去初步感受文学语言的魅力。如儿歌《鲜花开》：

鲜花开

花园里，鲜花开，

一朵朵，真可爱。

一个小黄鹂呀，

蝴蝶纷纷飞呀，

飞来飞去，多呀多愉快！

小朋友，快快来，

手拉手，跳起来，

多像小蜜蜂呀，

也像花蝴蝶呀，

要像鲜花遍呀遍地开。

反复地诵读儿歌，配上音乐和动作，婴幼儿便能沉醉地享受儿歌中优美的语言和旋律。

（三）组织语言游戏，帮助婴幼儿学说话

早期教育活动是有计划地组织实施的以游戏为主要形式的一系列教育活动与过程。游戏作为婴幼儿最为喜爱的一种活动形式，在早期教育中一直占据极为重要的地位。在集体说话活动中，教育者应重视游戏环境的创设，组织多种类型的说话游戏，激起婴幼儿说话的兴趣。

婴儿从四五个月起就对游戏感兴趣，一个简单的游戏就能使婴幼儿感到轻松、愉快，婴幼儿的游戏体验是非常愉悦的，这是游戏的独特魅力。国内外大量研究结果显示，游戏性越强的婴幼儿，"外控性"越低，性情越随和宽容，情绪越积极乐观。[①]在游戏中获得的这种愉悦，通常会通过语言表达出来，这对婴幼儿学说话有积极意义。

婴幼儿在游戏活动中与成人的互动形式也非常重要，对其未来社会性的发展有深远的影响。如果与成人的互动是积极探索的，婴幼儿将来在学习中能够得到正面的引导；如果这种互动是急躁的、失败的体验，婴幼儿的情绪甚至性格都会受到消极的影响。

（四）促进亲子及婴幼儿之间的互动交流

婴幼儿习得语言时，有三个"I"至关重要，分别是"Innate"（天生的）、"Interact"（互动）和"Imitate"（模仿）。婴幼儿必须具备天生的语言能力，需要一定的认知水平和心智来发展语言。婴幼儿也需要一定的机会以回应式的方式与他人互动，这样他们就可以很好地模仿对方。[②]互动交流在婴幼儿语言发展过程中起着关键性的作用，教育者应多创造婴幼儿与家长、同伴、教育者交流的机会。

早教机构的教育对象除了婴幼儿之外，还有婴幼儿的家长。通常情况下，由于婴幼儿的年龄较小，早教机构开展的多是亲子活动，家长的配合很重要，向家长普及科学的育儿知识也是早期教育的重要任务之一。家长们应该知道，去早教机构不是只负责接送，而是应该参与到活动环节中。此时，家长的个体差异就自然显现出来，有年轻的父母，有隔辈的祖父母、外祖父母，甚至还有其他诸如亲戚、保姆等人。这些人受教育水平参差不齐，对于早教工作者来说，与不同年龄、不同层次的家长都保持良好的沟通是非常艰难的任务。教育者和家长应相互尊重，

---

① 刘焱：《游戏——幼儿发展的一面镜子》，载《标准生活》，2016年第6期。

② 珍妮特·冈萨雷斯-米纳，戴安娜·温德尔·埃尔：《婴幼儿及其照料者》，张和颐，张萌译，244页，北京，商务印书馆，2016。

站在平等的地位上，共同发现问题，解决问题。

在集体说话活动中，应设计婴幼儿与教师、婴幼儿与家长、婴幼儿与婴幼儿之间充分的沟通环节，不能有所偏废。

二、0~3岁婴幼儿说话活动的组织与设计——集体活动

与听话活动类似，由于月龄小的婴幼儿清醒时间较短，因此，说话集体活动主要面向6个月以上的婴幼儿，8个月以上的更适合。

（一）0~3岁婴幼儿说话活动的组织

1. 了解婴幼儿语言发展特点，制定活动目标

组织说话活动之前，要了解教育对象处于哪个语言发展阶段，其语言发展水平如何，从而制定适合大多数婴幼儿发展水平的活动目标。1.5岁之前以发展婴幼儿说话兴趣为主要目标，1.5岁以后侧重于扩大幼儿的词汇量，让幼儿学说完整的句子、能够用语言表达自己的想法等方面。所有年龄段都应综合考量认知、情感、技能目标的设置，低幼年龄段可以简单些。

2. 活动准备

（1）经验准备。

简单了解婴幼儿及其家长的基本情况，对可能的突发情况有所准备。新入职的教师可以提前对活动方案进行演练。

（2）物质准备。

提前准备好活动中所需要的教具，如图片、视频资料、玩偶、手工材料等。安排好环境布置、座椅摆放等。

3. 活动过程

（1）熟悉环境，情境导入。

科学的早教活动应站在婴幼儿视角来设计活动环节。对于婴幼儿来说，特别是2岁以下的婴幼儿，他们对世界的认识还处在懵懂之中，比较熟悉的可能是自己的家或是常去的公园等，当婴幼儿进入新环境时，教师必须要考虑到婴幼儿的心理特点，否则教育活动很难开展。

教师可以通过一些游戏拉近与婴幼儿的距离，让婴幼儿在父母的帮助之下尽快熟悉教学环境。然后通过设置情景，恰当导入，如讲故事、唱儿歌、做游戏、展示挂图、播放活动视频等，进入活动环节的初始部分。

（2）依据活动目标开展活动。

教师引入说话活动的内容，多种方式呈现说话内容，如教师朗诵儿歌、有感情地讲故事，和婴幼儿一起做游戏等。活动过程中引导婴幼儿开口模仿，跟着诵读，或是复述故事等，不断地和婴幼儿进行语言交流。家长在此过程中应积极配合。

如说话活动《打电话》中，每名婴幼儿拿着一个玩具电话，教师边播放儿歌《打电话》的音乐边唱："两个小娃娃呀，正在打电话呀，喂喂喂，你在哪里呀？哎哎哎，我在幼儿园"，婴幼儿听到这样的儿歌就会将电话放在自己的耳边，尝试说"喂喂喂"，教师可以继续唱儿歌，让婴幼儿模仿唱儿歌和打电话。

（3）活动总结。

教师对活动环节中婴幼儿的表现作总结点评，以表扬为主，鼓励婴幼儿回家后继续和爸爸妈妈体验活动内容。

4. 注意事项

由于每个婴幼儿语言发展水平不同，在活动过程中可能会出现某些婴幼儿表现非常出色，另一些表现得一般的情况，教师要根据实际情况在过程中作出调整，对于接受比较慢的婴幼儿可以多次重复鼓励。

（二）0~3岁婴幼儿集体说话活动设计举例

1. 哭笑不得

适宜月龄：6~12个月

活动目标：通过观察哭和笑的不同表情，使婴儿了解不同心情有不同的表现，并学会发"呜""哈"等音。

活动准备：小镜子若干；哭脸、笑脸卡片各一张。

活动过程：

①教师念儿歌："宝宝哭，呜呜呜；宝宝笑，哈哈哈；宝宝生气噘小嘴儿。"让婴儿家长拿一个小镜子，教师先作出哭、笑的不同表情，让婴儿观察并模仿，学会以后可以照着镜子作出不同表情。

②让婴儿尝试发出哭的声音，选出一张哭脸卡片；再尝试发出笑的声音，选出一张笑脸卡片。

③教师总结哭是"呜呜"，笑是"哈哈"，鼓励婴儿发声，并让婴儿相互观察，指认模仿。

活动提示：若有婴儿发不出哭声或笑声，不用强求，让其观察其他婴儿即可。

2.《小星星》儿歌

适宜月龄：10～12个月

活动目标：培养婴儿语言感受力，感受儿歌的美。

活动准备：小星星、太阳、月亮卡片若干。

活动过程：

①教师念唱儿歌《小星星》："小星星，亮晶晶，白天睡，晚上醒，不说话，眨眼睛，看宝宝，笑盈盈。"边唱边拍手。

②请婴儿拿出小星星卡片，讲解关于星星的常识，可配合太阳、月亮卡片进行讲解。

③再次念唱儿歌，可尝试教婴儿发"星星"的音。

活动提示：教师念唱儿歌时声音要柔和，表情要夸张。

3. 传声筒游戏

适宜年龄：1.5～3岁

活动目标：训练幼儿听话能力和表达自己意愿的能力，鼓励幼儿正确完整地说话。

活动准备：卷纸纸筒或保鲜膜卷芯筒4～6个。

活动过程：

①让幼儿学会几句有趣的话，如"小鸡捉老鹰""树叶飞到了我怀里""豆豆喜欢吃毛豆"等，可逐一抽查幼儿是否学会。

②教师拿起一个纸筒放在嘴边说悄悄话，声音的音量控制好，不要太大也不要太小。让幼儿模仿，教师指导。

③幼儿围成一个圈，教师随机点名，被点到的幼儿可以选择三句话中的一句，用纸筒悄悄话的方式告诉右手边的小朋友。

④听到传话的小朋友将听到的话原封不动地传达给下一个，依次类推。最后听到的小朋友将从纸筒里听来的悄悄话大声地说出来，与第一个小朋友相验证。

活动提示：传话的纸筒离小朋友的耳朵不要太近，叮嘱小朋友说话声音不要太大。

4. 糖果宝宝

适宜年龄：2～3岁

活动目标：掌握常见糖果的发音，了解吃糖太多的弊端。

活动准备：大白兔奶糖、棒棒糖、棉花糖若干；顶端开圆口的纸盒一个；龋齿图片。

活动过程：

①教师和幼儿一起唱儿歌《糖果宝宝》："花纸包里，有个宝宝，剥开尝尝，宝宝变小。"将所有糖果事先放到盒子里，请小朋友摸一颗糖，在拿出来之前猜猜是哪种糖。鼓励幼儿说出糖果的形状、软硬等特征。

②每个幼儿拿到糖果后尝一尝，吃完了说一说糖果的颜色、味道。

③问幼儿糖果好吃吗？可以多吃吗？吃多了有什么坏处呢？幼儿自由讨论发言。

④教师出示龋齿的图片，讲述糖果吃多了会使牙齿长"虫子"，明确糖果虽甜，但不能多吃。

活动提示：幼儿说糖果特征时，如果有困难，教师可加以提示，尽量让每个幼儿都开口说话。

任务三　0～3岁婴幼儿说话活动的个别化指导

随着时代的进步与发展，人们愈发重视早期教育，越来越多的3岁以下婴幼儿进入了早教中心、亲子园等机构接受专业指导，但频率较低，一般来说每周只有一到两次，大部分时间仍然散居在家，早期教育必须和科学的家庭教育结合起来，才能发挥最大的功效。教育、妇联等部门要统筹协调社会资源支持服务家庭教育，家庭教育的质量很大程度上取决于父母是否能给婴幼儿提供科学的早期教育。

一、0～3岁婴幼儿说话活动个别化指导策略

绝大多数家长教育理念受老一辈影响较深，或是完全照搬书本，或是从网络上拼凑而来的片段知识，大多需要科学系统地学习说话活动的个别化指导策略。

对于早教机构、托育机构等的工作者来说，教育个体发展水平不一的婴幼儿，对教师专业化要求很高。加上如今是网络碎片化知识的时代，家长们获取育儿知识的途径多样化，却又不成体系，容易对保教人员产生怀疑，这种同时来自婴幼儿和家长的压力与日俱增，保教人员也迫切需要开展科学有效的个别化活动指导。

（一）0～1岁婴儿说话活动个别化指导策略

1. 鼓励发声练习，进行语音互动

从出生到6个月的婴儿也会发出各种声音，如从2个月开始就能发出简单的音节，4个月以后能够发出连续音节，开始咿呀学语。8个月以后发出的音越来越复杂，开始模仿成人发音，为10个月以后有意识地说出第一个词做准备。这一阶段婴儿刚刚来到这个世界上，父母以生活上的照料为主，大多不重视语言教育，认为为时过早。实际上，语言发展是一个连续的过程，0～1岁是语言发展的准备期，婴儿能否顺利地说出第一个词、第一个句子，前期的潜移默化必不可少。

成人应根据月龄特点与婴儿进行发声练习。如2个月左右，婴儿心情好时，成人可以与他进行一些简单的发音练习，如看着婴儿的眼睛说"a-a-a"，拿出小摇铃，边摇晃边说"叮铃铃"。5个月左右，若婴儿无意发出某个声音时，成人应给予鼓励，并反馈以夸张的言语和表情，如"宝宝好棒！宝宝说话啦！"等，面部表情要生动，可微笑，睁大眼睛，双手举在头上，拍手等；还可以模仿婴儿的发音，"哇哇哇哇！""呀呀呀呀！"逗引婴儿继续发音。婴儿8个月以后，成人

可以有意地将生活中的常见物品指给婴儿看，并同时示范发音，教婴儿叫爸爸、妈妈、爷爷、奶奶等。此时的语音互动中，成人的语音应洪亮、简短，可偶尔使用婴儿更乐意听的简短重复语言，如"宝宝乖乖""宝宝吃饭饭"等。

活动视频

　　观看视频 5-3-1，这是一个 7 个月的宝宝，记录下她发出的音节，想一想，这些音节是单音节还是连续音节？

视频 5-3-1

拓展学习

适当使用母婴语言有利于婴幼儿语言发展

　　母婴语言也叫儿童指向型语言，即父母或成人对婴幼儿会用非常短小、简单的句子，甚至是字词。同婴幼儿讲话时，成人不仅讲得慢，音调高，经常重复，而且会强调关键词语（通常是指代物体或活动的单词），许多时候还吸收了婴幼儿语言的叠字成分。这样，就在正规成人语言与婴幼儿还未成熟的语言之间架起了一道桥梁，语言学界称作"中介语"，它在婴幼儿语言发展中发挥着不可替代的中介作用，符合最近发展区原理。一系列研究证明，婴幼儿并不能通过直接模仿成人的言语而习得语法规则，父母用婴幼儿指向型语言讲话的主要目的是与孩子进行有效的沟通。因此，婴幼儿语言教育也要善于运用儿童指向型语言，注意由简到繁、由简单到复杂的过渡性，避免中介语"石化"现象。

（资料来源—官群：《儿童早期语言天赋：来自国际研究前沿的证据》，

载《学前教育研究》，2016 年第 8 期。）

2. 利用语音游戏来激发婴幼儿发声的兴趣

　　除了日常的语音互动之外，还可以设计一些简单的语音游戏。前面说过，游戏对婴幼儿的各方面发展均有极大的益处，婴幼儿在游戏中能够获得极大的愉悦感，情绪情感得到发展和丰富。5～6 个月的婴儿可以玩寻找游戏，由成人 A 抱着婴儿，成人 B 躲在 A 身后，左右躲藏，婴儿头转到左边时，B 便藏到右边，并说："宝宝，找我呀！"婴儿转到右边时，B 再藏到左边，再说："我在这里呀！"

还可以同时唱儿歌《躲猫猫》:

躲猫猫

月儿明，月儿亮，

月儿底下藏猫猫。

拍拍手，快躲好。

睁开眼睛瞧一瞧，

噫，一个不见了。

10～12个月的婴儿处于语言萌芽期，对游戏更加感兴趣，基本能理解日常生活中常见的词语。此时成人可以和婴儿玩声音和词语的游戏，如准备一些颜色卡片或者比较简单的水果卡片，每一种准备两张相同的，从中拿出两到三组卡片，将卡片的顺序打乱，引导孩子找完全一样的两张卡片，找到了给予鼓励。游戏过程中成人用简短的话语讲清楚游戏的要求，先带着婴儿认识卡片，再开始游戏。

3. 图画书阅读

阅读已成为全社会共同关注的问题。2012年11月，党的十八大报告提出"开展全民阅读活动"，《中华人民共和国国民经济和社会发展第十三个五年规划纲要》要求"推动全民阅读"，并将全民阅读工程列为"十三五"时期文化重大工程之一。国家新闻出版广电总局编制印发了我国首个《全民阅读"十三五"时期发展规划》，在"家庭阅读·亲子阅读工程"一栏下提出:

开展丰富多彩、喜闻乐见的亲子阅读活动，通过推荐优秀读物、开展阅读指导、开展爱心捐赠、阅读推广展示等，传递家庭教育科学理念，引领亲子阅读风尚，营造书香氛围，培育良好家风，促进婴幼儿健康成长。

0～3岁是婴幼儿大脑快速发育的关键时期，在这一时期多读一些优秀的图画书不仅对提高婴幼儿阅读能力很有益处，同时还能促进婴幼儿大脑的发育。学前阶段婴幼儿的阅读会用到大脑中某一个区域作为"阅读脑"，但这个区域不是特定的。"阅读脑"有五个范畴是跟孩子阅读密切相关的，分别是与视觉、认知、听觉、语言、语义理解相关的区域，国外研究者把这5个区域命名为婴幼儿"阅读脑"[①]，如图5-3-1。

---

① 周兢:《从阅读到悦读——早期儿童阅读与读写成长之路》，载《东方宝宝:保育与教育》，2017年第9期。

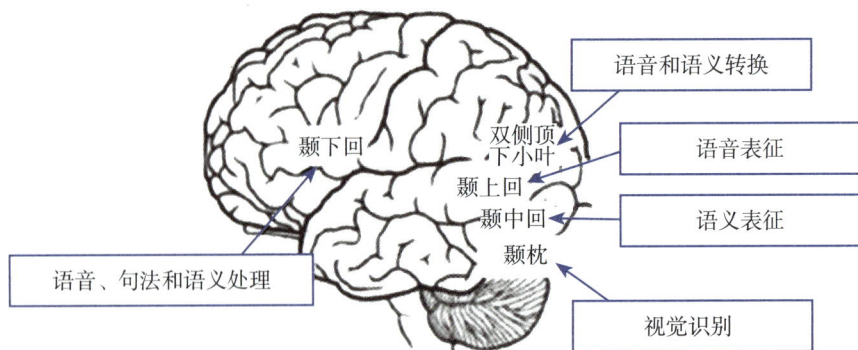

图 5-3-1　阅读脑

　　阅读脑的培养应该从婴幼儿出生之后抓起，月龄较小时可以提供一些图片、颜色都比较简单的阅读材料，如图 5-3-2，图 5-3-3。大约 8 个月以后，家长就可以和婴幼儿共同阅读图画书，家长为婴幼儿念读文字部分，婴幼儿重点关注图像，在此过程中，婴幼儿的视觉、听觉、已有的认知背景、语义的理解等被综合调动起来，早期口语表达、书面语感、初步的阅读技能都可以在图画书阅读中逐渐培养。

图 5-3-2

图 5-3-3

（二）1~3 岁幼儿说话活动个别化指导策略

1. 丰富幼儿的生活经验，扩大词汇量

　　1 岁左右，大多数幼儿能够说出第一个有意义的词。研究表明，幼儿早期说出的词大多跟直接经验有关，如"牛奶、爸爸、妈妈、鸡蛋、娃娃、水"等名词，"抱抱、吃饭、睡觉、亲亲"等动词。从 18 个月开始进入"词汇爆发期"，每周都能新掌握 10~20 个词。幼儿从 1 岁起，进入学步期，眼界也开阔了，此时家长应丰富幼儿的生活素材，扩大词汇量。

　　（1）充分利用日常生活，丰富幼儿词汇。

　　早晨起床后洗漱时，成人可逐一介绍每天都要使用的物品，涉及的动作等，如"宝宝洗脸啦，粉红色的小毛巾，把宝宝的脸蛋洗干净"。吃饭的时候可以说：

"我们吃饭啦！宝宝去拿你的草莓小碗好不好？想吃鱼还是土豆丝？"吃完饭可以说："宝宝，我们去楼下公园散步，好吗？那里有滑梯哦！"玩得高兴时可以说："哇！宝宝的笑容好灿烂，一定很开心吧！"

总之，成人应利用一切可能的机会多和幼儿交流，把看到的东西、正在做的事情、感受到的情绪尽量用语言表达出来，鼓励幼儿回应。日常生活中的语言重复性很高，成人可以不停地进行强化，丰富幼儿词汇。

（2）经常带幼儿外出，建立新的经验。

成人应经常带幼儿到户外去，感受大自然的美。认识自然中的花草树木、小桥流水，欣赏大自然的五颜六色、多彩缤纷。鼓励幼儿将自己看到的、听到的、尝到的、闻到的用语言表达出来，当这种表达遇到困难时，成人应及时指导，辅以正确的示范，扩大幼儿的词汇量。

2. 创设说话情境，尝试说完整句子

2岁左右，幼儿掌握的词汇达到300个左右。一般来说，当幼儿的词汇量超过100个时，就能将两个或以上的词组合到一起，进入双词句阶段，为说出完整句子打下基础。成人可在生活中创设情境，提供机会让幼儿说完整的句子。如孩子在玩娃娃家的时候，成人可以加入进来，跟孩子分角色游戏，引导孩子说完整句子。

案例

> **娃娃家**
>
> 2岁的叶叶非常喜欢玩娃娃家游戏，经常抱起小娃娃，嘴里念叨"宝宝，睡觉"，这时妈妈过来说："叶叶，你是宝宝的妈妈吗？"
>
> 叶叶说："叶叶是妈妈。"
>
> 妈妈："叶叶是宝宝的妈妈。"
>
> 叶叶："叶叶是宝宝的妈妈。"
>
> 妈妈："宝宝睡觉了吗？"
>
> 叶叶："睡觉。"
>
> 妈妈："宝宝睡觉了？"
>
> 叶叶："宝宝睡觉了。"

3. 继续开展各种游戏，提高口语表达能力

2岁左右的幼儿开始喜欢角色扮演游戏，维果茨基强调假装游戏能使婴幼儿区分物体本身和它们的意义，娃娃家就是典型的假装游戏。生活中幼儿可以随时给

自己一个角色，这时成人应关注，最好能参与进去。任何游戏过程中都需要语言，使幼儿在享受游戏欢乐的同时提高口语表达能力。

活动视频

观看视频 5-3-2，3 岁的宝宝在公园里看到一个小兔子的雕像，她不由自主地把自己当成了小兔子，和妈妈开展对话。请你想一想，这对母女之间的对话对宝宝语言发展有哪些益处？

视频 5-3-2

随着年龄增长，幼儿的动手能力不断提高，手的精细化动作发展，专注时间逐渐延长，幼儿开始喜欢探索游戏，如串珠子、七巧板、拼插玩具等。在这些游戏过程之初，成人可以将简单的游戏规则讲给幼儿听，幼儿在游戏进行中遇到疑难的时候肯定会向成人求助，这又是一个语言互动的过程。

4. 坚持早期阅读，在阅读中模仿、复述内容

早期阅读不是为了识字，而是培养幼儿的早期认读能力和理解能力。通过亲子共读图画书，幼儿能够理解文字、标记、符号等代表一定的含义，认识到语音和文字的对应关系，初步感知文字；还可以在听成人阅读的同时观察探索图画，配合头脑中的想象，理解图片所表达的含义。

婴幼儿从出生以后就应该坚持早期阅读，成人要做好示范，以身作则，真正地参与到阅读中来，最好与婴幼儿有感情上的共鸣，营造融洽的阅读氛围。有关早期阅读的具体问题在单元六中有详细讲述。

5. 合理利用网络、电视等资源，向幼儿提供模仿说话的范例

随着信息时代的到来，社会进入了移动互联时代，智能终端的普及使得知识的传播更加便捷。铺天盖地的信息扑面而来，已经渗透到人们的工作、学习、生活等领域。其中，人们接触比较多的网络渠道有传统的网站、博客、论坛、手机应用（APP），也有新兴的自媒体资源，如微信、微博、短视频网站等。人们可以将手机、电视作为早期教育的一个辅助手段，学习科学的保教知识，借鉴他人成功的育儿经验，为幼儿挑选高质量的音频、视频资料，适量地观看对幼儿各方面发展是有益处的。在幼儿语言方面，通过一些讲故事音频、动画片等，幼儿能接触到标准的语音语调，学会连贯而流畅的表达，这都是对生活教育的有效补充。

需要注意的是，控制好幼儿接触电子资源的时间，18 个月以后可以开始接触，

从每次 5 分钟开始，随着年龄的增长递增。到 3 岁时，原则上幼儿接触视觉网络资源每次不超过 15 分钟。

案例

妈妈的烦恼

3 岁的男孩小林每天吃饭时都要看动画片，不让看就大闹，妈妈非常烦恼。这到底是怎么回事呢？

原来小林从 1 岁多开始，每次吃饭都很慢，而且喜欢到处跑。偶然间，妈妈发现只要放一部动画片，小林就能够安静地坐在餐桌前，非常配合地吃饭。就这样，小林慢慢地养成了边吃饭边看动画片的习惯。后来，早教班的老师知道了之后，就对小林妈妈说要改掉这个不好的习惯，边看电视边吃饭会影响消化，长时间看电视还伤害眼睛。可是妈妈回家尝试了几次之后，小林不是大喊大叫，就是不专心吃饭，有时手里拿着个玩具吃饭，或者干脆就跑了。

如果你是小林的老师，你该如何帮助他呢？

拓展学习

婴幼儿学说话的三个禁区

禁区一：过分满足

类型："热心帮忙"型。

犯禁表现："宝宝，是要喝水吗？妈妈给你拿。"不少父母在长期照料婴幼儿的过程中，对孩子的要求能够心领神会、有求必应，孩子伸个手指便满足其要求。

犯禁害处：父母过度满足孩子，容易导致其语言发展缓慢，因为孩子不用明确表达自己的意图，父母便即刻明白，其实这并不是爱，而是使孩子失去了一次锻炼口语表达的机会。久而久之，婴幼儿便不习惯用语言表达想法，而用肢体语言来代替。

破禁办法：延迟满足。

幼儿 1 岁以后，父母或保教人员照料幼儿时，要抓住一切机会引导鼓励其发声，表现在当幼儿有所要求时不要马上答应，延迟满足其要求。如

拓展学习

当父母从幼儿的行为举止中发觉他想喝水时，可以给他一个空水杯，鼓励他说出自己的要求，父母可以示范说"喝水"。当幼儿努力地说出"水"时，马上口头表扬，并满足其要求。

禁区二：过多使用叠词

类型：过分迁就型。

犯禁表现："宝宝，饭饭！""宝宝看，那是狗狗，那是花花……"和婴幼儿用叠词说话是语言特定阶段的表现，但有些成人却随着婴幼儿一起说起了儿语。

犯禁害处：婴幼儿说儿语是因为其语言发展限制了他准确表达自己的意思，成人却以为婴幼儿只能听懂这些儿语，也用儿语与之对话，很可能拖延了婴幼儿过渡到说完整话的阶段。

破禁办法：婴幼儿语言发展会经历单词句、多词句、说出完整句子这几个阶段，成人应通过正确的教育引导婴幼儿的语言向更高阶段发展。成人和婴幼儿对话时，要使用比婴幼儿目前掌握语言更高水平的话语，给婴幼儿作良好的示范。如婴幼儿说"爸爸班班"，那么此时妈妈应该说"是的，宝宝，爸爸去上班了"。

禁区三：模仿婴幼儿的错误发音

类型：将错就错型。

犯禁表现：婴幼儿在刚学说话的阶段，常常会有一些不准确的发音，如把"吃饭"说成"七饭"，把"老师"说成"老希"，"哥哥"说成"得得"，等等。有些家长觉得好玩，会模仿这些错误发音。

犯禁害处：婴幼儿存在发音不准的现象，是由于发音器官发育不够完善，听觉的分辨能力和发音器官的调节能力都较弱，还不能完全正确掌握某些音的发音方法。如果家长将错就错学习婴幼儿的错误发音，婴幼儿会认为这就是正确的发音，从而继续错下去。

破禁办法：成人不要学婴幼儿错误的发音，要用规范的语言来与婴幼儿说话，在规范语音的指导下，婴幼儿的发音会逐渐改正。

二、0~3岁婴幼儿说话活动设计——个别化活动

（一）0~1岁婴儿个别化说话活动设计

1. 模仿发音

适宜年龄：0~6个月

活动目标：鼓励婴儿发音，建立亲密关系。

活动准备：宝宝吃饱喝足精神较好时进行。

活动过程：

①抱起宝宝，面对自己，做出吐舌头、眨眼睛等夸张表情，语调温柔，说简单的话语，如"宝宝好呀""啊！宝宝真乖呀！""呀呀呀！哇哇哇！"

②注意婴儿表情变化，如果有反应试图发音，或发出一两个音，成人可以温柔地鼓励并且模仿宝宝发音："啊啊，宝宝呀！想说话了吗？"

活动提示：不管婴儿是否有回应，在婴儿0~6个月时都应经常和婴儿保持语言互动。

2. 吃青菜

适宜年龄：8~12个月

活动目标：使婴儿理解生活中常见蔬菜的发音，将发音与语义联系起来，并尝试发音。

活动准备：青菜、菠菜、黄瓜、胡萝卜、白菜的图片或实物。

活动过程：

①大声朗诵儿歌《吃青菜》："宝宝乖、宝宝乖，宝宝喜欢吃青菜，绿菠菜，脆黄瓜，胡萝卜，嫩白菜，多吃青菜身体好，多吃青菜长得快。"

②第二次朗诵儿歌，配合动作，念"宝宝乖"时可捧着婴儿的脸，念"宝宝喜欢吃青菜"时拿起青菜的图片（或手指实物），依次结合图片（或实物）说出菠菜、黄瓜、胡萝卜等。

③第三次朗诵儿歌，可试着让婴儿模仿发声，如果发不出则可让婴儿随着成人的声音来指认不同的蔬菜。

活动提示：此活动可当作日常游戏来进行，也可以在婴儿进辅食时念唱，帮助婴儿从小养成不挑食的习惯。

（二）1~3岁幼儿个别化说话活动设计

1. 纸杯电话

适宜年龄：1~2岁

活动目标：使幼儿学会制作纸杯电话，模仿成人打电话。

活动准备：纸杯2个，棉线1根（2米左右长），剪刀1把，粗针1枚，小棍子（可用棉签棒代替）2截。

活动过程：

①制作电话：在纸杯底部开一个小洞，将棉线的一端从外向内穿进去，系上小棍子；棉线的另一端穿进另一个纸杯底部的小洞中。

②成人和宝宝每人手持一个"电话"，成人对着"电话"说："喂喂喂，是小宝吗？我是妈妈。"让宝宝将"电话"放在耳边，鼓励宝宝应答。

③交换角色，引导宝宝拿着"电话"说："喂喂喂，是妈妈吗？我是小宝。"

活动提示：棉线要稍粗一些，不要割伤宝宝的手。

2. 辨认相册

适宜年龄：2~3岁

活动目标：使幼儿能指认人物，说出完整的句子。

活动准备：一本家庭相册。

活动过程：

①准备一本家庭相册，将幼儿熟悉的照片挑出来。

②让幼儿指认照片，尽量说完整的句子，如"这是我的妈妈，她正在做饭"，"我和爸爸在操场上踢球"。

③幼儿认出照片中的人以后，成人可再提问："这张照片是在哪里拍的？当时还有谁在场呢？"

活动提示：当幼儿说得不完整时，成人可补充，并做正确示范。

学习检测

1. 简述婴幼儿各年龄段说话能力的发展特点。

2. 0～3岁婴幼儿说话活动集体指导策略是什么？

3. 0～3岁婴幼儿说话活动个别化指导策略是什么？

4. 设计一个0～3岁婴幼儿集体说话活动。

实践体验

1. 在亲友的孩子中选择一名 0～3 岁婴幼儿，观察记录其说话能力发展特点，判断其发展水平。

2. 到婴幼儿保教机构观摩语言活动，记录下说话活动的过程及保教人员的指导策略。

3. 苗苗是一个 12 个月大的女孩，非常喜欢玩游戏，但从来不听别人说话。父母工作很忙，她还有一个双胞胎哥哥，性格活泼外向，更容易引得家长的关注。苗苗仅仅会发一些重复的短小音节，不会说爸爸妈妈，听不懂家人平常说的话，对日常对话也没有反应。她的说话能力大概相当于 6 个月婴儿的水平。父母曾带她去医院检查，结果听力一切正常。

请你分析，苗苗说话能力发展滞后的原因是什么？如何才能改变这种情况？

单元六 0～3岁婴幼儿早期阅读活动

导言

　　阅读是人们学习活动的基础。婴幼儿如果能尽早开始阅读活动，对其认知、口语表达和阅读能力的发展都有很大帮助，还能够促进婴幼儿想象力、社会性的发展。随着近年来早期阅读观念的逐渐深入，0～3岁婴幼儿早期阅读活动越来越受到婴幼儿保教机构和家庭的重视。本单元将对0～3岁婴幼儿早期阅读活动的内涵、特点及阅读材料的选择等问题进行说明，并对集体阅读活动和个别化阅读活动的设计与组织给予指导。

学习目标

1. 掌握早期阅读的内涵及其特点。
2. 了解如何选择0～3岁婴幼儿早期阅读材料。
3. 掌握0～3岁婴幼儿早期阅读活动集体指导的策略。
4. 掌握0～3岁婴幼儿早期阅读活动个别化指导策略。
5. 能够进行0～3岁婴幼儿早期阅读集体活动设计。
6. 能够进行0～3岁婴幼儿早期阅读个别化活动设计。

🌐 知识导览

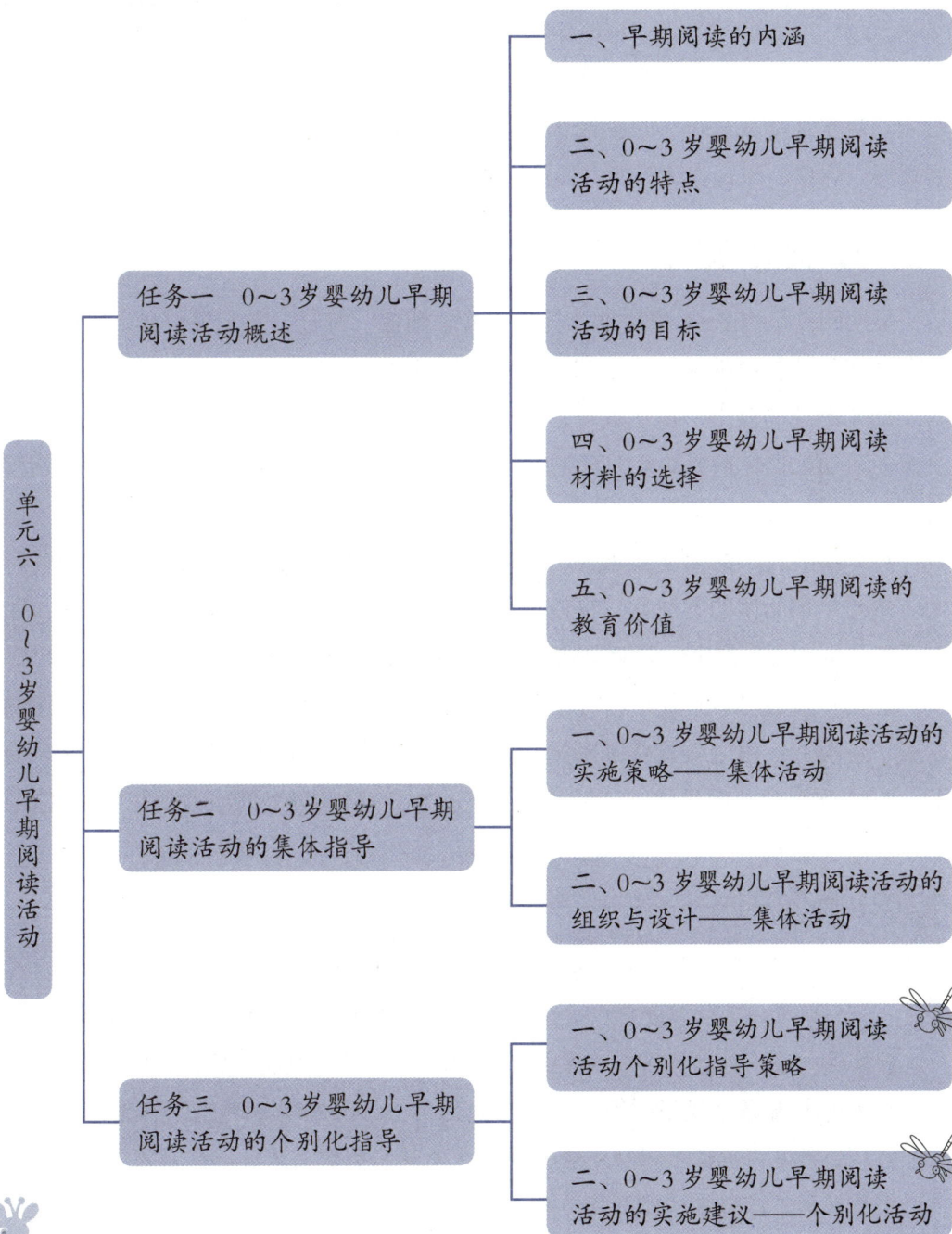

```
单元六　0~3岁婴幼儿早期阅读活动
├── 任务一　0~3岁婴幼儿早期阅读活动概述
│    ├── 一、早期阅读的内涵
│    ├── 二、0~3岁婴幼儿早期阅读活动的特点
│    ├── 三、0~3岁婴幼儿早期阅读活动的目标
│    ├── 四、0~3岁婴幼儿早期阅读材料的选择
│    └── 五、0~3岁婴幼儿早期阅读的教育价值
├── 任务二　0~3岁婴幼儿早期阅读活动的集体指导
│    ├── 一、0~3岁婴幼儿早期阅读活动的实施策略——集体活动
│    └── 二、0~3岁婴幼儿早期阅读活动的组织与设计——集体活动
└── 任务三　0~3岁婴幼儿早期阅读活动的个别化指导
     ├── 一、0~3岁婴幼儿早期阅读活动个别化指导策略
     └── 二、0~3岁婴幼儿早期阅读活动的实施建议——个别化活动
```

任务一　0～3岁婴幼儿早期阅读活动概述

阅读作为社会个体一种主要的学习手段，对人们的生活和工作有极为重要的影响。对于婴幼儿来说，早期阅读能培养良好的阅读习惯、浓厚的学习兴趣，发展观察、想象、语言表达等能力，促进其健康成长。

一、早期阅读的内涵

早期阅读是指0～6岁婴幼儿凭借色彩、图像、符号、文字等信息，在成人协助下理解阅读材料的活动。早期阅读并非传统意义上以文字为主的阅读，也不是对婴幼儿单纯的读书、识字教育，而是建立在婴幼儿自身经验之上的成人与幼儿交流的活动（也包括婴幼儿的自主阅读）。早期阅读更为注重的是婴幼儿参与阅读的过程。

对于年龄较小的婴幼儿来说，凡是与阅读活动有关的行为，都可视作阅读行为。参与早期阅读的婴幼儿，可以依靠其视觉、听觉甚至触觉进行阅读活动，如用手指一页一页地翻书，看简单的标记和符号，倾听成人阅读文字等。

近代实验心理学的研究表明，婴幼儿从出生到24个月是其大脑发展最迅速的阶段，新生儿一出生就具备了听觉、视觉、触觉等，具备了接受教育的条件。因此，0～3岁婴幼儿的早期阅读活动，不仅能够让他们了解和认识世界，而且能为其以后阅读能力的发展奠定良好基础。

拓展学习

早期阅读不等同于早期识字

近年来一些研究表明，婴幼儿要成长为成功的阅读者，可能会遇到三重障碍。第一重障碍在阅读习得的起始阶段就已经产生，即婴幼儿在理解与运用书面语言规则方面存在困难，因为书面语言系统地代表了口头语言。如果单词辨识不精确或者很费力，理解相关的文本就会很困难。第二重障碍是不能把口语理解技巧转移到阅读中，不能获取阅读所需要的新策略。第三重障碍将强化前两重障碍，即缺失或失去最初的阅读兴趣，或不能很好地体会阅读所得的回报。

在三重障碍中，至少有两重障碍是值得那些正在让孩子"早期识字"的人们所注意的。一个问题是，当我们一味强调让学前婴幼儿识字时，很

拓展学习

可能忽略了婴幼儿在语言发展关键期的口语学习良机。尤其那种将孩子关闭起来专门教识字的"超前教育""智力学校"，大量集中地让孩子提前学习下一阶段才该学的文字，实质是剥夺了婴幼儿获得语言发展的机会，严重影响了这些孩子获取书面阅读新策略的能力。另一个问题是，早期识字活动将婴幼儿的阅读注意力引到识字方面，使得他们一拿起书本就联系到早期枯燥、机械、乏味的认字经验，最终导致婴幼儿厌烦阅读，缺乏阅读兴趣和动机。

（资料来源—周兢：《早期阅读发展与教育研究》，6页，

北京，教育科学出版社，2007。）

二、0~3岁婴幼儿早期阅读活动的特点

（一）活动过程的综合性

早期阅读活动不是单纯的语言活动，而是一个有效学习的综合性教育活动，其综合性主要体现在以下几方面：第一，综合运用婴幼儿多方面的认知能力。婴幼儿在参与早期阅读活动时，需要借助注意、观察、想象、思维、记忆等多种认知能力对阅读内容进行理解，在提升听说等阅读能力的同时综合发展多种认知技能。第二，综合发展口头语言和书面语言。0~3岁婴幼儿的早期阅读活动是在婴幼儿发展口语的关键期建立口语与书面语的联系，促进其口语表达规范性的同时培养婴幼儿对书面语的敏感性和兴趣度。第三，综合学习语言与其他内容。早期阅读材料涵盖自然科学、社会生活等多方面内容，婴幼儿在感受语言、学习语言的同时也能从中学到大量自然、社会的知识。

（二）阅读内容的丰富性

0~3岁婴幼儿的早期阅读活动不同于通常意义上的阅读，其阅读内容不局限于早期读物等传统阅读材料，还涵盖影像、声像、符号等多种材料。具体可分为两类：一是图文并茂的阅读材料。婴幼儿通过图文并茂的图书、画报欣赏儿歌、故事、散文、童话等，了解生命、情感、科学、社会、环境等丰富的内容。二是源自周围世界的阅读内容。如生活中经常出现的文字、图案、标记等各种符号，以及能感知的周遭环境。通过这些积累，婴幼儿在早期阅读过程中能够充分调动

足够的感知经验与书面符号建立联系，加深对阅读内容的理解。

（三）阅读关注的特殊性

成人在看图画书时，会习惯性地直接阅读其间的文字，因为成人是通过文字来获得阅读内容的。但是研究发现2～3岁的幼儿在阅读图画书时，99%的幼儿对图画有注视，仅有12%的幼儿对文字有注视。不同于成人，对于0～3岁的婴幼儿来说，他们的阅读最关注、最感兴趣的是图像信息。因此0～3岁婴幼儿的早期阅读应以图像阅读为主，在阅读中引导婴幼儿对图画中的角色形象、动作、关系以及画面内容等来进行观察和解读，让婴幼儿通过画面阅读形成自己的理解。

（四）阅读形式的多样性

0～3岁的婴幼儿利用视觉、听觉等多方面的感知经验，通过与成人的交流以及成人的语言转述等方式获得其早期阅读的主要信息。婴幼儿的早期阅读活动形式可以多种多样，根据开展方式大致可分为两类：一是专门性的阅读活动，如家庭亲子阅读、机构集体阅读等；二是渗透性的阅读活动，如在日常生活中通过与成人随机的问答对话完成的对广告牌、常见标志的"阅读"，随时让婴幼儿接触阅读材料，激发阅读兴趣。

三、0～3岁婴幼儿早期阅读活动的目标

0～3岁婴幼儿早期阅读活动最重要的目标是培养婴幼儿的早期阅读兴趣和良好的阅读习惯，这是一个人终身阅读的重要动力。除此之外，通过早期阅读帮助婴幼儿认识世界、积累经验、促进其认知发展、健全人格品格也是早期阅读活动的目标。

具体而言，0～3岁婴幼儿早期阅读活动的目标有：

（1）对图书、标志、符号等有阅读兴趣；

（2）有阅读图书的自觉意识，能在成人的指导下翻阅图书；

（3）喜欢看图、听故事；

（4）养成良好的阅读习惯，如不撕书，不乱扔书，不弄脏图书，爱惜图书，轻拿轻放，看完放回书架等；

（5）逐步掌握正确的阅读技能，如学会取、放、逐页翻阅，学会从前往后按顺序一页一页看书，掌握图书的结构，会通过观察画面将人物、动作、情节等联系起来等。

拓展学习

美国0～3岁婴幼儿早期阅读教育目标

· 能够通过封面认识不同的图书；

· 会假装自己在读书；

· 知道书应该怎么拿；

· 开始养成跟主要的养育者共读图书的习惯；

· 通过发声游戏感受语言节奏的快乐和语言游戏的滑稽等；

· 能够指认书本上的物体；

· 能对书中的角色做一些评论；

· 阅读图书上的图片并且意识到图片是真实物体的一种表征；

· 能够聆听故事；

· 会要求或建议大人为他们阅读或书写；

· 可能开始关注某些特定的印刷字词，如姓名的字等；

· 逐渐有目的地涂涂写写；

· 有时候似乎能够区分图形和文字的差异；

· 能够写出一些类似字的符号，也能像用书面语言写作那样涂涂写写。

（资料来源—周兢：《造就成功阅读者的培养目标——美国幼儿
早期阅读教育目标评析》，载《早期教育》，2002年第7期。）

四、0～3岁婴幼儿早期阅读材料的选择

　　阅读材料的选择是开展阅读活动的重要前提，选择适宜的阅读材料能很好地激发婴幼儿的阅读兴趣，但不同年龄段婴幼儿需要不同的阅读材料，我们应该根据不同年龄段婴幼儿的基本特征和基本需求为婴幼儿选择早期阅读材料。

（一）不同年龄段婴幼儿的基本特征

　　听觉方面，1～2个月大的婴儿更喜欢悦耳的声音及母亲的声音，2个月以后开始喜欢优美舒缓的音乐。研究显示，6个月的婴儿已开始具备辨别音乐中的音高、音色、旋律及简单曲调的能力，并且开始在倾听音乐时伴有强烈的身体动作。1岁半的幼儿可以伴随音乐节拍出现舞蹈动作。

　　视觉方面，1个月的婴儿可以看清楚距离眼睛20厘米的物体，2个月的婴儿

可以改变视觉成像焦点，3个月开始主动寻求视觉刺激，4个月开始能看清处于不同距离的物体，到了6个月，婴儿的视觉敏感度基本接近成人水平。色觉发展上，2个月的婴儿只有两色视觉，能辨别红绿，到3个月有了红绿蓝三色视觉，到了4个月，基本可以辨别可见光谱上的各种颜色，6个月其视觉接近成人水平。在视觉偏好上，出生后不久的婴儿喜欢人的面孔，喜欢看圆形。研究发现，清楚的、运动的、色彩鲜明的、中等复杂的、高对比的图案更能吸引婴幼儿的注意力。

触觉方面，婴幼儿手的触觉活动是他们重要的学习途径之一。根据皮亚杰的认知发展理论，0～3岁婴幼儿的认知发展处于感知运动阶段和前运算阶段。2岁以下的婴幼儿处于感知运动阶段，他们主要通过感觉和知觉动作来感知外部环境。此阶段要为婴幼儿提供能够引起他们感官刺激的阅读材料和促进小肌肉动作发展的翻书活动。而2～3岁幼儿的认知发展处于前运算阶段，开始具备用象征性的符号来进行思维活动的能力。但是这一时期的幼儿对事物特征的把握仅凭个人经验，还不具备同时把握事物多种特征的能力，因此可以通过开展多种形式的早期阅读活动，丰富其个体经验，使他们掌握更多事物的意义特征，从而促进他们思维能力的发展。

（二）0～3岁婴幼儿阅读材料的选择

根据不同年龄段婴幼儿的身心发展规律，可以为不同年龄段的婴幼儿选择阅读材料。

1. 0～1岁婴儿阅读材料的选择

可以选择颜色鲜明、形象突出、背景简单的卡片或图书，形状、大小、材质要适合婴幼儿抓握、撕咬、翻看。0～1岁的婴儿喜欢听韵律感强的文字，因此可以给婴儿读儿歌类节奏明快的作品。但这一阶段的婴儿听不懂故事，对故事还不感兴趣，因此，图书类应选择无字或有少量文字的以图为主的图画书。

如图画书《抱抱》[①]。全书以妈妈和宝宝的爱为中心，虽然只有"妈妈""宝宝""抱抱"三个简单的词语，但却用一幅幅生动的画面，描绘了一个温馨的故事。小猩猩得到妈妈"抱抱"时的开心情绪，就像婴儿感受到妈妈的爱时内心充满了温暖的安全感。

2. 1～2岁幼儿阅读材料的选择

这个阶段幼儿的生活范围扩大，活动量也明显加大，因此要选择富有趣味的

---

① ［英］杰兹·阿波罗：《抱抱》，上谊编辑部译，济南，明天出版社，2009。

玩具书，让幼儿体会读书的乐趣。本年龄段的幼儿，处于心理学上的"命名期"，喜欢指名、认物、重复，选择的阅读材料题材应该是接近幼儿生活的，如内容简单、画面清晰、色彩鲜明的大幅彩图或图画书。在这个阶段，故事也引起了幼儿的注意，但是最好选择一幅图一句话或者一本书一个故事的阅读材料。除此之外，还可以给幼儿提供各种杂志、广告或自制图书，培养幼儿的阅读习惯。

如图画书《我的后面是谁呢》[①]。故事从一个个常见的小动物入手，通过展示它们的部分外形特征，引导幼儿去联想、猜测后面的小动物是谁。这本书在阅读的过程中有问有答，不仅趣味性强，而且可以通过阅读锻炼幼儿的想象、联想、判断等思维能力。

3. 2～3岁幼儿阅读材料的选择

在这一阶段应该让幼儿接触各种与书面语言有关的信息，使他们产生对语言文字的敏感性，培养幼儿良好的阅读习惯。因此可根据幼儿的爱好选择不同类型的阅读材料，如有关生活技能的图画故事书。图书的画面要接近幼儿的现实生活，色彩自然，充满视觉美感。

如图画书《菲菲生气了》[②]。这本书的画面色彩丰富，并且与故事的情节相呼应，用红色表达愤怒，用紫红色、蓝色、白色、绿色等表达菲菲怒气由盛到无的变化，加之生动的画面，把孩子的情绪表达得淋漓尽致。这本书如此贴近幼儿的生活，成人可以在与幼儿共同阅读的过程中，与幼儿讨论如何管理自己的负面情绪。

总之，0～3岁婴幼儿的阅读材料要根据婴幼儿的年龄特征和喜好，有目的、有计划地进行选择，从而使婴幼儿在贴近生活、内容丰富的阅读材料中愉悦身心，培养兴趣，养成喜欢阅读的习惯。

拓 展 学 习

站在婴幼儿立场读绘本，遵循婴幼儿的逻辑世界

儿童不是小大人，儿童有自己的世界。儿童世界里万物是有灵性的，动物植物会说话，会思考。儿童世界是不受世俗和规则约束的，夜晚不是用来睡觉的，夜晚里藏着许多的秘密。

一部优秀的绘本，一定会从儿童的视角去表现故事和表达对生命本质的理解。《大卫，不可以》无疑是成功的，它走进了孩子的生活世界，为我们塑造了一个精力充沛、头脑灵活、想象丰富的小男孩形象。用成人的

① ［日］福田敏生，福田明子：《我的后面是谁呢》，［日］猿渡静子译，海口，南海出版公司，2011。
② 莫莉·卡：《菲菲生气了——非常、非常的生气》，李坤珊译，石家庄，河北教育出版社，2009。

拓 展 学 习

眼光看大卫身上的毛病太多，然而他是一个真实的孩子，一个肆无忌惮地展示童年的生命价值的孩子。因为它贴近孩子的角度，认真思考他们的问题，因而让孩子爱不释手。

《大卫，不可以》绝不是我们用来教育孩子要听话、要遵守规则的反面教材。俄罗斯民间传说故事《拔萝卜》，也不是一个齐心协力地拔一个大萝卜的故事。孩子们的心情与这个故事的关系，首先是一种对从未见过长得那么大的萝卜的惊奇，然后就是对如何拔萝卜的兴趣。爷爷、奶奶、孙女等挨个登场，但还是拔不出来的惊险，接着是小狗、小猫、小老鼠都来助阵的幽默。这幽默激活了孩子们的共鸣，它是故事成功的关键。最后就是终于拔出来的那种成功的满足感。孩子是因为有趣、好玩才去阅读的，孩子是在好玩、有趣、充满新奇、幻想中去体验绘本世界，并用自己的经验和独特的方式去解读绘本，接受绘本的浸润。如果我们把绘本当成道德说教的版本或知识获取的途径，那我们就会背离作者的初衷和儿童的天性。

（资料来源—赵月华：《站在儿童的立场读绘本——由绘本阅读教学〈大卫，不可以〉引发的思考》，载《江苏教育研究》，2014年第9期。）

五、0～3岁婴幼儿早期阅读的教育价值

（一）促进婴幼儿语言能力的发展

0～3岁的阅读经验对婴幼儿的语言发展影响重大。8～36个月是婴幼儿语言快速学习时期，早期阅读可以增加婴幼儿接触新词的机会，对他们词汇的增长和语法结构的掌握有促进作用。早期的阅读经验拓宽了婴幼儿的阅读面，增加了婴幼儿运用口头语言和书面语言进行交流的机会和频率，能够有效促进婴幼儿语言能力的发展。

（二）刺激婴幼儿智力潜能的激发

阅读是一个极为复杂的信息加工过程。语言心理学认为，阅读是指从文字系统（包括具有一定意义的其他符号、图表等）中提取信息的过程。也就是说，通

过视觉器官接收文字符号的信息，再经过大脑编码加工，从而理解课文的意义。[①]早期阅读不等同于单纯的文字阅读，其阅读材料包括大量的与视觉刺激相关的内容，如图书、图片、电视、多媒体、符号、标志等。婴幼儿通过早期阅读，在观察、聆听甚至触摸中，识别图案、符号、声音、感觉等，并输入大脑，有效刺激大脑及其神经网络，激发观察、感知、想象、记忆、理解等多项智力潜能。

（三）帮助婴幼儿良好品格的形成

早期阅读活动通过丰富的阅读材料，追求使婴幼儿感到快乐的阅读体验，为婴幼儿提供了愉悦身心的机会。通过阅读，婴幼儿与周边世界产生情感与态度的互动，增强对周围世界的兴趣与好奇心。在阅读过程中，婴幼儿能了解生活经验、社会要求、行为规范等，从中开阔视野，陶冶品德，逐步形成良好的个性品格。

（四）奠定婴幼儿终身学习的基础

早期阅读虽然不是传统意义上以阅读文字为主的阅读，却能让婴幼儿从中体验到阅读的乐趣，养成阅读的习惯，学会阅读，喜爱阅读。阅读是社会个体参与学习的重要途径。多项研究结果显示，早期阅读与婴幼儿的语言能力、读写技能、阅读理解力的形成和发展有很大关系，还与婴幼儿未来的学业成就密切相关。

拓展学习

早期阅读应何时开始？

心理学家研究发现，两个月大的婴儿即能分辨不同形状的物体与图案，而且对诸如人脸、靶心图等既和谐又相对复杂的图形尤为偏爱。此外，婴儿在四个月左右就能区分母亲和别人的面孔了。看来，幼小的婴儿具有一个模式化的、有组织的视觉世界，之所以能够进行如此精细复杂的分别，并非因为他们具有对图案或面孔的特征进行这样那样分析比较的才能，而是由于他们在反复观察的过程中，把整个图案或面孔的印象原封不动地作为一个模式印进了大脑，心理学家把这种掌握事物的方式叫作"模式识别"，并认为三四岁以前是发展的"模式"时期，此阶段婴幼儿模式识别的能力远远超过了成人的想象。依据这一思路，进行早期阅读向婴幼儿灌输某些今后有用的、有价值或难度较大的书面语言知识和行为模式，是极其有必要的。

---

① 彭聃龄：《语言心理学》，北京，北京师范大学出版社，1991。

拓 展 学 习

　　另外，从大脑皮层言语中枢的成熟和机能定位来看，阅读中枢位于大脑皮层中央回后部，即顶叶—枕叶—颞叶交界处的角回，从大脑皮层的发育顺序看，应在说话中枢之前基本发育成熟。新近的研究也证明，婴幼儿掌握字形与实体的联系比掌握语音和实体的联系更为容易。此时的婴幼儿虽然还不能分析、理解和领会，但却能够把一切事物及相关因素都作为一个完整的模式接受下来并印在神经网络里。汉字能早期识别，其道理就在于此。

　　心理学家已经用实验证明婴儿开始说话之前就能学习认字。因此，我们认为，婴儿2个月时，即可以进行适宜的阅读教育，可以赶在反抗期前为孩子打下良好的学习基础。

（资料来源—张明红：《关于早期阅读的几点思索》，

载《学前教育研究》，2000年第4期。）

任务二 0～3岁婴幼儿早期阅读活动的集体指导

0～3岁婴幼儿的早期集体阅读活动多发生在婴幼儿保教机构。在科学的早期集体阅读活动中，婴幼儿与保教人员和同伴共同阅读，分享快乐，不仅可以获得较好的阅读效果，而且有助于提高婴幼儿的阅读兴趣和积极性。

一、0～3岁婴幼儿早期阅读活动的实施策略——集体活动

早期阅读活动要符合婴幼儿身心发展的基本规律，同时要注意个性化指导，不可对不同的婴幼儿、不同的活动采用同一方法、同一模式。0～3岁婴幼儿早期阅读活动的集体指导应在关注师幼互动、亲子互动、同伴互动的前提下，重视早期阅读教育活动的策略。

（一）把握婴幼儿阅读能力的发展差异

每一个婴幼儿都是独一无二的，他们在发展过程中存在着一定的差异性。这些差异主要体现在两个方面：一是不同年龄阶段的婴幼儿存在发展的差异性，0～3岁是婴幼儿的阅读经验和阅读能力从无到有并走向个性化的阶段，因此不同年龄段甚至月龄段的阅读发展差异都比较明显。如1～2岁的幼儿喜欢阅读主题明确、图画内容简单扼要的图画书，在阅读过程中能够指认书中的角色、物品等关键信息；而2～3岁的幼儿更偏爱与自己生活经验相关的、故事情节丰富有趣的图画书，通过阅读幼儿已经可以理解故事中事件发生的先后顺序和简单的情节。二是同一年龄阶段的婴幼儿其阅读能力的发展也是不同的，因此，在0～3岁婴幼儿早期集体阅读活动中，保教人员应该尊重婴幼儿发展的差异性，关注婴幼儿的实际情况，采取适宜的阅读指导，增加集体阅读的丰富性和多样性。

（二）通过多种方式激发婴幼儿阅读兴趣

兴趣是最好的老师，是人学习与行动的动力。对于0～3岁的婴幼儿而言，让他们发现书可以看，还可以摸、敲、抓，甚至啃，他们才会觉得有意思，进而更愿意亲近图书。在阅读中激发婴幼儿的阅读兴趣是最重要的阅读指导。在集体阅读活动中，0～3岁婴幼儿的阅读兴趣可以通过多种方式进行培养。

1. 联系婴幼儿的已有经验

婴幼儿的已有经验包括生活经验和阅读经验。如在《花儿开呀开》的阅读中，

保教人员可以通过提问，引导其讲述自己培育植物、观察植物生长的经历，激发婴幼儿对大自然的兴趣。

2. 提供不同的情景支持

为了激发婴幼儿的阅读兴趣，保教人员可以创设和利用与阅读内容有关的情景，如故事情景、场地情景等，根据阅读内容，选择一定的情景，通过婴幼儿对情景的好奇、共鸣等心理，实现情景感染，从而激发阅读兴趣。

拓 展 学 习

婴幼儿阅读教育注意事项

成人对婴幼儿早期阅读的影响很大。专家研究发现，父母重视程度越高，孩子阅读能力越强。但是，在观察和研究的过程中专家也同时注意到一些负相关的因素。让我们来看一看学前教育专家的研究发现：

"成人在婴幼儿阅读行为、阅读理解上的要求越高，婴幼儿的阅读兴趣就越低。孩子的图书阅读与成人所认为的阅读是不能等同的，婴幼儿主要是感官上的需要，必须有可爱的动物、有趣的物品、色彩鲜艳的画面及与自己熟悉的生活经验相似的内容，他们才会感兴趣，他们的兴奋点只不过是图书中的形象与色彩，如果成人不顾孩子的需要，只要求其理解内容，提出的问题超出了孩子的理解能力，使阅读难度加大的话，孩子的阅读兴趣就会减弱。同样，由于孩子手部动作的发展还未成熟，在控制手指捻页及对翻书技能掌握上未能完全自主，过于强调孩子技能动作的训练，对婴幼儿阅读兴趣的促进作用不大，反而会产生负面影响。

此外，成人为孩子提供的图书越多，孩子看书时间的随意性越大，这会分散他们的注意力，对图书产生无所谓的态度，想看就看，不看时扔一边，这不利于良好行为习惯的养成；虽然有研究表明，提供大量的图书与儿童阅读能力之间有很大的关系，但图书对婴幼儿的影响只能通过成人讲读，在反复'听书'的过程中鼓励孩子跟读才能实现，成人的情感、言语是使婴幼儿喜欢看图书的重要影响因素，故应定时、定人、定内容地去指导孩子阅读图书，培养其阅读的兴趣与行为习惯。"

（资料来源—李麦浪：《2—3岁婴幼儿阅读的特点及影响因素的分析》，载《学前教育研究》，1999年第4期。）

（三）帮助婴幼儿建立多重互动关系

0~3岁婴幼儿的集体阅读活动并不是婴幼儿个人的静态阅读，而是开放互动的动态阅读。通过师幼、同伴、亲子等多种关系人员之间的互动，婴幼儿可以提升阅读兴趣，提高阅读能力。

1. 选择恰当的保教人员与婴幼儿之间的互动模式

在集体阅读活动中，保教人员与婴幼儿的互动可以在阅读中进行，也可以在阅读前后进行，根据不同的活动目标可以选择不同的互动模式。如当活动目标重在"观察画面"时，可采取"重在阅读中进行的互动"；当活动目标重在"理解故事"时，可采取"重在阅读前后进行的互动"。在互动中，保教人员要注意观察婴幼儿的行为、语言，根据婴幼儿的经验、能力进行提问、回应，并给予婴幼儿充分的自主自由空间。

2. 帮助婴幼儿与同伴建立良好互动关系

集体阅读不同于个体阅读，婴幼儿与同伴共存于同一集体环境中，在集体阅读活动中，婴幼儿可以与同伴分享阅读的快乐，从而提高阅读的积极性，获得更好的阅读效果。因此，保教人员要为婴幼儿提供与同伴合作与交往的机会。当婴幼儿在阅读中遇到困难和问题时，保教人员要启发婴幼儿动脑，让其尝试与同伴互动交流，让婴幼儿在更多的与群体互动的过程中发展信息双向交流的能力，这样婴幼儿既能在良好的同伴促进中提升阅读兴趣和能力，又能在同伴互动中建立人际关系，获得社会性的发展。

3. 创设建立亲子互动关系的条件

因为婴幼儿的年龄太小，0~3岁婴幼儿集体阅读活动中，往往还有一个重要角色，就是家长。保教人员在组织阅读活动时，可以巧妙利用家长资源，运用多种方法策略，调动家长的积极性，让家长配合参与到阅读活动中。在阅读活动中充分利用亲子互动的作用，不仅可以为活动的有序开展提供保障，而且可以提高家长的教育意识和教育能力。

拓展学习

早期集体阅读的效应

有关研究告诉我们，学前期早期集体阅读活动至少可以发生三种效应：

（1）教师与婴幼儿之间的相互作用可以帮助他们获得最佳的早期阅读效果。（布兰·维尔，1994）

（2）婴幼儿在集体环境中学习阅读，可以与同伴一起分享早期集体阅读的快乐，从而提高他们参与阅读的积极性。

（3）在适合婴幼儿的集体阅读活动中，教师能够通过观察比较，发现某些婴幼儿阅读的特别需要，以便提供及时、恰当的帮助。（莫拉，1986）

（资料来源——张明红：《关于早期阅读的几点思索》，

载《学前教育研究》，2000年第4期。）

二、0～3岁婴幼儿早期阅读活动的组织与设计——集体活动

（一）0～3岁婴幼儿早期阅读活动的组织要点

有目的、有计划的早期集体阅读活动是帮助0～3岁婴幼儿语言发展的重要途径，为了使婴幼儿更好地参与早期集体阅读活动，可以参考以下几个步骤组织活动。

1. 集体阅读活动前的准备工作

集体阅读活动的开展应该建立在婴幼儿对阅读内容熟悉的基础之上，因此在阅读活动前引导婴幼儿先接触、熟悉阅读材料，可以为正式阅读活动的开展打下良好的基础。引导婴幼儿接触阅读材料并不是正式的阅读活动，在这一阶段保教人员可以通过出示阅读材料、出示相关音频视频材料、配合好玩的游戏等多种方式让婴幼儿感知阅读内容。这种感知只是一个大概的了解就可以了，否则对阅读内容的过于熟悉同样会影响正式阅读活动的质量。

婴幼儿阅读区域的布置

保教人员要引导婴幼儿积极主动地参与阅读活动，应为婴幼儿提供适宜的阅读环境，营造良好的阅读氛围。

选择明亮、光线好的区域，根据婴幼儿特点布置成温馨且安全的阅读环境。阅读区域应该可以满足婴幼儿单独阅读、亲子阅读、集体阅读等多种需求。

应选择容易清洗消毒的阅读物，经常通过擦洗、消毒液清洗、日晒等方式为阅读材料消毒。

按照不同年龄段婴幼儿的身高特点布置阅读区域，让婴幼儿取放阅读

拓展学习

材料方便、安全。

投放的阅读材料，应内容健康、数量充足、符合婴幼儿心理特点和阅读需求，同时应牢固且易于翻页。

阅读材料可根据不同年龄段以及不同的种类分开摆放，摆放时注意封面朝外。

2. 引导婴幼儿感知阅读材料

阅读材料作为婴幼儿阅读的对象，是阅读活动的内容。保教人员引导婴幼儿观察、接触、感知阅读材料，可以为阅读活动打好基础。保教人员可以采取多种方式将阅读材料呈现给婴幼儿，如直接出示、出示主要角色、出示重点画面等，同时也可结合音乐、道具、表演、儿歌、游戏等多种形式引出阅读材料。通过引导婴幼儿接触、感知阅读材料，帮助他们初步了解阅读内容，激发阅读兴趣。

3. 开展多种方式的阅读活动

保教人员可以根据婴幼儿的年龄和人数等实际情况，选择不同的方式开展阅读活动，如自由阅读、同伴阅读、集体分享阅读等。

自由阅读时，保教人员将需要的图书呈现给婴幼儿，并给予婴幼儿自由阅读的空间，让幼儿自由自主地接触阅读内容，自由翻阅图书，获得阅读信息。保教人员在这一阶段要关注婴幼儿的阅读习惯和方法，如是否用拇指和食指轻轻翻书，并给予适当指导。同伴阅读时，让婴幼儿与同伴一起阅读，相互之间可以交流，共同体会阅读的快乐。自由阅读和同伴阅读过程中都应以婴幼儿自主阅读为主，但保教人员可以适当以提问方式引导婴幼儿的思路，通过具有启发引导性的问题，让婴幼儿在阅读过程中能够边思考边阅读。

在集体分享阅读中，保教人员可以选择集体或小组的形式，带领婴幼儿共同阅读。保教人员可以综合多种阅读指导方法，如提问法、观察讲述法、复述法、角色扮演法等。在分享阅读过程中，保教人员是主导，同时应保持婴幼儿的主体性，充分利用师幼互动和婴幼儿间的同伴互动，以及亲子互动，让婴幼儿感受阅读带来的愉悦感，提高阅读积极性。

4. 围绕阅读重点开展趣味活动

每一次的集体早期阅读活动均应有一定的重点，可以是语言学习的，也可以是情感体验的，保教人员可以组织婴幼儿围绕阅读中的某一重点开展活动，活动形式可以灵活多样，如游戏、模仿、表演等，加深婴幼儿的阅读体验。

5. 扩展延伸

活动最后保教人员可以采用竞赛法、游戏法、对话法、展示欣赏法等方法对阅读内容进行总结或者延伸，结合婴幼儿的自身经验，激发婴幼儿参与的主动性，保持阅读兴趣。

（二）0～3岁婴幼儿早期阅读活动设计举例——好饿的小蛇

1. 活动目标

（1）指认小蛇、苹果、香蕉等故事中的主要角色和事物。

（2）理解故事内容，并学习模仿"啊呜——咕嘟""啊，真好吃"。

（3）感受阅读的趣味性，培养丰富的想象力。

2. 活动准备

经验准备：幼儿认识蛇，并了解蛇的基本特性；认识苹果、菠萝、香蕉、葡萄、饭团等食物。

物质准备：保教人员准备小蛇图片，苹果、菠萝、香蕉、葡萄、饭团的实物，大图书一本，小图书若干。

3. 活动过程

（1）引导幼儿猜测，激发阅读兴趣。

保教人员出示小蛇图片：大家看它是谁？它长什么样子？它是怎么走路的？（鼓励婴幼儿自由回答并模仿）小蛇的肚子好饿，它要去小树林找吃的了，我们跟它一起去吧！

（2）集体阅读大图书，引导幼儿观察画面。

①"好饿的小蛇"和苹果。

保教人员轻轻地翻开图书：好饿的小蛇走在森林里，大家看，它发现了什么？苹果长什么样子？大家猜小蛇看到苹果会怎么样？（鼓励婴幼儿自由回答）"啊呜——咕嘟"一口吃下苹果的小蛇变成了什么样子？苹果好吃吗？小蛇的肚子像什么？（鼓励婴幼儿自由回答）

②"好饿的小蛇"和香蕉。

请一名幼儿轻轻地翻页，保教人员指图：第二天，小蛇还是好饿，它又扭来扭去地去森林里散步了，我们看看它今天发现了什么？

香蕉长什么样子？大家猜今天小蛇会把香蕉怎么样？（鼓励婴幼儿自由回答）今天小蛇又"啊呜——咕嘟"把香蕉吃下去了，香蕉好吃吗？今天小蛇的肚子像

什么？（鼓励婴幼儿自由回答）

③"好饿的小蛇"和饭团。

请一名幼儿轻轻地翻页，保教人员指图：第三天好饿的小蛇又走在了森林里，它是怎么走的？（鼓励婴幼儿模仿）它发现了什么？饭团是什么形状的？小蛇会怎么样？（鼓励婴幼儿自由回答）"啊呜——咕嘟"又一口吃了下去，饭团真好吃。小蛇的肚子变成什么形状？（鼓励婴幼儿自由回答）

④"好饿的小蛇"和葡萄、菠萝。

保教人员轻轻翻页：第四天好饿的小蛇又来森林里找吃的，我们看看它今天吃了什么？（出示吃下葡萄的小蛇图片，鼓励婴幼儿想象并猜测）我们来看看这串葡萄长什么样子，它是怎么吃下这串葡萄的？（鼓励婴幼儿模仿小蛇吃东西的声音）

第五天我们看看小蛇吃了什么？（出示吃下菠萝的小蛇图片，鼓励婴幼儿想象并猜测）你是怎么猜到是菠萝的？它是怎么吃下这个菠萝的？（鼓励婴幼儿自由回答并模仿）

⑤"好饿的小蛇"和苹果树。

保教人员轻轻翻页：第六天，我们看看小蛇在森林了又发现了什么吧！一棵结满了红红苹果的苹果树。大家猜小蛇会怎么样？它要吃了这棵苹果树。可是苹果树这么大，它要怎么吃呢？（鼓励婴幼儿自由回答并模仿）吃下苹果树的小蛇去哪了？（鼓励婴幼儿自由回答）

（3）玩一玩，演一演。

保教人员出示准备的苹果、菠萝、香蕉、葡萄、饭团等实物，请婴幼儿扮演好饿的小蛇，并模仿"啊呜——咕嘟""啊，真好吃"等句子。

（4）自主阅读图书，完整欣赏故事。

保教人员请幼儿自主阅读图书，体会阅读的乐趣。注意提示幼儿阅读时要一页一页地看，轻轻翻书，并给予恰当指导。

（5）总结延伸。

故事中的小蛇是怎么吃东西的？小朋友们是怎么吃东西的？我们到底应该怎样吃东西呢？

附：《好饿的小蛇》故事梗概

好饿的小蛇扭来扭去在散步。它发现了一个圆圆的苹果。你猜猜好饿的小蛇会怎么样？啊呜——咕嘟！啊，真好吃！

第二天，好饿的小蛇扭来扭去在散步。它发现了一根黄色的香蕉。你猜猜好饿的小蛇会怎么样？啊呜——咕嘟！啊，真好吃！

第三天，好饿的小蛇扭来扭去在散步。它发现了一个三角形的饭团。你猜猜好饿的小蛇会怎么样？啊呜——咕嘟！啊，真好吃！

第四天，好饿的小蛇扭来扭去在散步。它发现了一串紫色的葡萄。你猜猜好饿的小蛇会怎么样？啊呜——咕嘟！啊，真好吃！

第五天，好饿的小蛇扭来扭去在散步。它发现了一个带刺的菠萝。你猜猜好饿的小蛇会怎么样？啊呜——咕嘟！啊，真好吃！

第六天，好饿的小蛇扭来扭去在散步。它发现了一棵结满红苹果的树。你猜猜好饿的小蛇会怎么样？扭来扭去爬上树，然后……张大嘴巴……还是啊呜——咕嘟！啊，真好吃！

任务三　0～3岁婴幼儿早期阅读活动的个别化指导

0～3岁是培养婴幼儿早期阅读习惯的重要阶段，然而婴幼儿最初阅读活动的发生一般是个别化的而非集体化的，接下来将就如何针对婴幼儿个体开展阅读活动进行说明。

一、0～3岁婴幼儿早期阅读活动个别化指导策略

（一）创设良好的阅读环境

1. 创设良好的外部环境

婴幼儿是在周围环境的影响下，在个人与外部的主客体交互作用中成长的。良好的外部环境可以激发婴幼儿阅读的欲望，增强主动性，从而促进婴幼儿的发展，使他们爱上阅读。因此，创设良好的外部环境是开展早期阅读活动的重要保障。对0～3岁的婴幼儿，应为其创设一个环境安静、光线明亮、空间适当的阅读区。阅读区中要提供足够的适合0～3岁婴幼儿阅读的书籍，选择适合婴幼儿高度的书桌和书架，最好有干净的地毯或舒适的低矮沙发，便于婴幼儿自由地进行阅读。需要注意的是，过度地接触电子媒介会对婴幼儿的大脑造成过度刺激，分散婴幼儿的注意力，因此0～3婴幼儿应尽量不接触或少接触电子媒介。

2. 创设良好的心理环境

婴幼儿的阅读兴趣是长期在适宜的阅读氛围中形成的。让婴幼儿热爱阅读，仅有良好的外部环境还不够，还要有温暖的阅读氛围。在阅读中，成人可以用表扬、微笑、掌声、拥抱等鼓励方式增强婴幼儿的自信心、成就感，为其营造愉悦的阅读氛围。在阅读中，成人可以把婴幼儿抱在膝上，通过肌肤的接触、语言的交流增加婴幼儿在阅读中的幸福感。在阅读中给予婴幼儿自由的心灵空间，既有助于婴幼儿心理健康的发展，又能提高其阅读能力。

拓展学习

很多家庭在为婴幼儿创设阅读环境时，会遇到各种各样的问题，如空间该如何布置，婴幼儿书架该如何设计等，扫描文旁二维码，让我们来看看一位妈妈的"乾坤大挪移"。

（二）建立良性的互动关系

0～3岁婴幼儿虽然可以感知图画书中某些画面的意义，但是要独立完成图画书的阅读还是有困难的，他们需要在成人的帮助下才能进行欣赏和阅读。因此，在早期阅读活动中，成人的参与对婴幼儿的阅读至关重要。在个别化的阅读活动中，成人应与婴幼儿建立良性的互动关系以提高阅读质量。首先，在阅读正式开始之前，成人和婴幼儿要将书拿出来，观察图画书的封面，可以就书名、画面等信息稍作交流。然后，翻到下一页与婴幼儿共读。在阅读过程中，成人要注意婴幼儿的反应，根据他们的表情、动作等来判断婴幼儿对阅读内容的理解程度，并及时调整语气和语调。最后，在看完图画书后，成人可以通过提问来帮助婴幼儿回忆阅读内容，鼓励婴幼儿表达自己的感受以及想法，并协助婴幼儿发现阅读内容与自己生活的联系。

拓 展 学 习

如何建立良好的亲子关系

"一次完全没有手机干扰的对话、和孩子一起疯狂傻笑、一次身体接触（拥抱、亲吻等）、放下'教'孩子的念头跟随孩子玩、看着孩子的眼睛说'我爱你，我喜欢和你在一起'"，这是美国心理学家建议家长要做到的五个"每天至少一次"。家庭教育就发生在父母与孩子的互动中，高质量的亲子沟通是家庭教育最重要的载体。

尊重是建立任何关系的前提，尊重孩子是家长婴幼儿观的自然反映。只有将孩子当成独立的个体，才能真正做到尊重孩子。

把孩子当成独立的个体，意味着允许孩子表达自己的想法，而不先评判孩子想法的对错好坏；意味着不随意打断或制止孩子，不简单否定孩子的不同意见或消极情绪；意味着和孩子交流时有尊重的姿态，有温暖支持的视线接触，认真地倾听和回复；意味着尊重孩子的兴趣爱好以及对朋友的选择，不将自己的意愿强加于孩子。

……

亲子沟通是家庭生活的日常，高质量的亲子沟通才能满足孩子的成长需求。

亲子沟通要从与孩子讨论身边的事开始，要花时间与孩子一起开展多种形式的家庭活动，还需要有身体前倾、眉头舒展、目光接触、点头赞

拓展学习

许、抚摸拥抱等动作。但现在很多家庭只有心不在焉的沟通，家长的心思在电视、手机或工作上，这样的亲子沟通是不合格的，有时甚至会起负面作用。

（资料来源—边玉芳：《家庭教育就发生在亲子互动中》，

载《新课程导学》，2019 年第 25 期。）

（三）运用恰当的阅读方法

1. 对话式阅读

0～3 岁的婴幼儿处于口头语言迅速发展的阶段，口头语言的发展，需要婴幼儿在日常生活中吸收足够多的语言。而在成人与婴幼儿的共同阅读中，成人往往采用简单的阅读方式，即让婴幼儿观看画面的同时成人读出画面中的文字，这种共读方式是不恰当的。在阅读中，不管婴幼儿是否能说话或者给成人回应，成人都应以对话的方式对图画内容进行解读（这种解读可能是自问自答）。对话式的阅读方法要求家长把婴幼儿看成是一个会说话的阅读同伴，和他聊一聊书中的内容。通过这种和婴幼儿一起阅读的方式，可以吸引婴幼儿的注意力，增强婴幼儿的专注力。

案例

图画书《你好》画面简洁，文字简单，仅有"啾啾啾""骨碌、骨碌、骨碌""吱吱吱"等拟声词和"你好""你们好"等语言的反复，主题突出——让宝宝学会如何跟他人打招呼。

在阅读时，妈妈和孩子共同看着图画书，说："骨碌、骨碌、骨碌。咦？这是谁来了呢？宝宝看这里，它圆圆的像个球一样对不对，是鸡蛋吗？哦，不对，它还浑身长满了刺呢。那么它是谁呢？它是小刺猬！小刺猬可以像球一样滚来滚去，多好玩呀。小熊看到小刺猬来了，它会说什么呢？让我们来看下一页吧。"

2. 理解性阅读

在早期阅读中，图画书的内容实际上应该包括这样几个部分：书中的图画和文字以及成人的讲述。也就是说，婴幼儿在早期阅读中至少有画面、文字、口头语言这三种帮助理解图画书信息的途径。

由于0～3岁婴幼儿还不识字，在阅读时也不关注文字，对于一本图画书的理解，0～3岁婴幼儿主要依靠的是书中的图画和成人的语言。因此，在阅读中成人要帮助婴幼儿看懂图画，而不是认识文字。在阅读的过程当中，成人可以通过手指、提问等方式引导婴幼儿认真观察画面，关注画面中的关键信息，也可以鼓励婴幼儿联系相关经验对图画进行理解。如在《抱抱》中，小猩猩走在大森林里，看到象宝宝和象妈妈依偎在一起，这时要引导婴幼儿观察图画中象宝宝和象妈妈的表情以及小猩猩在看到这一幕时的表情，让婴幼儿体会到象宝宝和象妈妈脸上的幸福以及小猩猩的失落。

3. 游戏化阅读

玩是婴幼儿的天性，游戏是促进婴幼儿认知发展的主要方式，是他们重要的实践活动，在游戏中婴幼儿接触世界、了解世界、发展认知。对于0～3岁的婴幼儿来说，阅读活动本身就是一种游戏，只有成人能够认识到阅读与其他游戏是不同的。游戏化阅读应有两个方面：一方面是在游戏中阅读。家长可以把洗澡书、拉拉书、有声书、触摸书当作婴幼儿的玩具，在婴幼儿玩书的同时渗透阅读。如在婴幼儿洗澡时可以把洗澡书给孩子玩，并把书中的画面讲给孩子听。另一方面是把阅读当作游戏，以游戏为手段开展阅读活动，借婴幼儿对游戏的热爱来激发婴幼儿的阅读愿望和阅读兴趣，使婴幼儿在阅读中获得快乐。如家长和孩子可以边讲边演，可以边读边模仿，还可以借助手偶、橡皮泥、积木等玩具进行阅读。游戏化阅读将阅读和游戏结合起来，玩中有读，读中有玩，在游戏的过程中培养婴幼儿的阅读兴趣，养成良好的阅读习惯。

二、0～3岁婴幼儿早期阅读活动的实施建议——个别化活动

（一）0～1岁婴儿早期阅读活动的实施建议——个别化活动

1. 0～6个月

婴儿满月以后，便会表现出对早期阅读的兴趣，家长此时就可以开展早期阅读教育。这一阶段的婴儿适合背景简单，色彩对比强烈，认知物突出的图片、图形，画面尺寸以大16开为宜。家长在给婴儿展示画面的同时，需要用语言进行讲解。婴儿可以从阅读黑白图画书开始，再逐步过渡到彩色图画书、触摸图画书等。对于此阶段的婴儿，建议家长选用"点读法"讲解，家长用手指指向画面，边指边

讲，指到哪讲到哪，这样可以使婴儿注意力集中。本阶段的婴儿每次阅读时间不超过3分钟。

2. 7～12个月

7～9个月的婴儿一般可以独坐，会用很长的时间来审视物体，并且会试着翻书。此阶段，家长在早期阅读教育中可以采用"平行式"阅读法，将婴儿抱坐在自己的膝盖上，和婴儿共同观看阅读材料，同时，对画面和文字的阅读继续采用"点读法"。家长可以给婴儿选择画面色彩鲜艳、伴有少量文字的低幼读物，大小以16开为宜，内容可以是动物、人物、玩具或者婴儿比较熟悉的事物。

在9～12月龄阶段，成人应为婴儿创设舒适的阅读环境并固定亲子阅读时间，以帮助婴儿养成良好的阅读习惯。这一时期，成人可以教会婴儿如何拿书，如何用正确的姿势阅读以及阅读后需要整理图书放回原位等。同时，成人也要提供给婴儿自己独立"看书"的时间和空间。此月龄段的婴儿可能会出现把书拿反了、从后往前翻书、连翻好几页等看似不正确的阅读行为，但这其实是他们正在"研究"和"探索"书的表现，成人不能盲目加以阻止。

案例

> 宝宝坐在爬爬垫上，身边很多玩具，她拿起图画书《小猪林朵》扔在前面，胡乱翻动图书，两下就把书翻到了最后，然后继续往前翻动，妈妈在旁边指着小猪林朵说"小猪，呼噜噜"，宝宝边翻书边说"噜噜"。

活动视频

观看视频6-3-1，观察7月龄婴儿阅读的特点，思考：如果你是孩子的家长接下来你会怎样做？

视频6-3-1

活动设计案例

亲近图书

活动目的：培养婴儿的早期阅读兴趣，参与阅读交流。

活动准备：准备3~4本画面简单的卡纸书或布书。

活动过程：

1. 为婴儿提供一个不易分散注意力的场所，将准备的书放在地板上。

2. 观察婴儿。当婴儿主动靠近书时，观察婴儿是否与书互动，如何互动。

3. 当婴儿对书表现出兴趣时，可以用语言试探婴儿是否可以开始阅读。如"宝宝，我们来读这本书好不好？"如果婴儿没有表现出对书或阅读的兴趣，家长就继续观察，寻找阅读的时机。

4. 阅读中，家长用手指指着画面，并用语言简单描述画面。同时，要注意与婴儿的对话互动。问婴儿几个关于画面的问题，问完要注意停顿，给予婴儿充分的时间回应。无论婴儿以什么声音甚至动作回应后，家长都应进行正面激励。

（二）1~2岁幼儿早期阅读活动的实施建议——个别化活动

这一阶段，幼儿的阅读习惯表现为对图画书的兴趣比较浓厚，尤其是喜欢反复看一本书或书中的某些页。这时成人应该和幼儿一起阅读，选择恰当的阅读方法，一边引导他们关注图画，一边进行讲解。通常情况幼儿会认真倾听成人的口头语言，同时也会对着书中的画面指指点点。同时这一阶段的幼儿说话积极性非常高，成人在与幼儿共同阅读时，应注意为幼儿提供良好的语言示范，如使用规范标准的发音和尽量丰富的词汇，同时配合富于变化的语调以及丰富的面部表情等。这一阶段成人每天和幼儿共同阅读的时间应不少于15分钟，并应根据阅读情况为幼儿适当添加购买阅读材料，以提高幼儿的阅读积极性。

案例

　　16个月大的芊芊，非常爱看小熊宝宝系列绘本，每天都要和妈妈一起阅读。今天读到其中一本《收起来》，妈妈说："小熊把所有的玩具都收起来了，收拾得可整齐了！玩具朋友们躺在自己舒服的家里非常开心，它们对小熊说'谢谢你把我们送回家，小熊，下次我们还一起玩，再见！'小熊也开心地说'再见！'"这时认真看书的芊芊突然哭起来。妈妈安抚她说："芊芊是不想收玩具吗？"芊芊摇头。妈妈说："芊芊是不想和朋友说再见吗？"芊芊大哭："不再见，不再见……"

活动视频

　　观看视频6-3-2，比较这一阶段的幼儿与视频6-3-1中的婴儿在阅读方式上有哪些不同？成人在阅读指导时应注意哪些问题？

视频6-3-2

活动设计案例

小鸡和小鸭

　　活动目的：在家长的引导下幼儿能认真观察画面；增加词汇量。

　　活动准备：图画书《小鸡和小鸭》。

　　活动过程：

1. 把书和其他阅读材料一起放在幼儿的阅读区域中。

2. 当幼儿选择这本书时，先给幼儿充足的时间自主探索，并观察他的行为。

3. 待幼儿提出共读要求时，家长可热情地接受。

4. 家长协助幼儿一页一页地翻书，并引导幼儿去观察画面。

5. 采用问答的方式，边提问边讲述画面内容。如"这是谁？""小鸡怎么叫？""小鸡的嘴巴是什么样子的？""小鸡和小鸭来到了什么地方？""它们在干什么？"

6. 对幼儿的发言给予支持和鼓励，并对故事进行简要总结。

（三）2~3岁幼儿早期阅读活动的实施建议——个别化活动

　　2~3岁的幼儿语言迅速发展，从语法到词汇都有很大变化。同时这一阶段是幼儿形成良好阅读习惯的关键期。他们会正确翻书，会关注书中的细节，会进行简单的复述，能理解情节较为简单的故事。因此，在阅读中成人与幼儿可以就阅读内容展开有效的交流。需要注意的是，在阅读中成人与孩子的地位是平等的，应给予幼儿鼓励和积极回应，并通过幼儿在阅读中的言语表情和行为表现，判断幼儿对阅读内容的理解程度。在阅读方式上，成人应选取多样化的阅读方法，并根据幼儿的反应及时调整，提高幼儿的阅读理解力和阅读兴趣。成人可以固定每天的阅读时间，让阅读成为一种习惯。

活动设计案例

想吃苹果的鼠小弟

活动目的：通过阅读，提升幼儿的语言接受能力，练习语言表达能力。

活动准备：图画书《想吃苹果的鼠小弟》。

活动过程：

1. 将这本书放在幼儿的视野范围内。当幼儿拿起这本书时，观察他的行为。

2. 给幼儿足够的时间、空间自主阅读。

3. 参与到幼儿的阅读中。这个过程，可以是由幼儿提出一起阅读的请求，也可以是由家长提出。无论哪种情况，家长都应展示出足够的热情和积极性。

4. 调整坐姿，与幼儿保持亲密的阅读距离。

5. 家长先读出书的题目、作者等信息，然后让幼儿根据封面信息进行想象。如"看这幅图，你猜这本书讲了个什么故事？"注意提问结束后，要有足够的停顿让幼儿回应，并及时回应幼儿："那让我们一起来看看，找到答案吧！"

6. 开始阅读图画书正文。家长逐页为幼儿讲读图画书。在讲读过程中，家长视幼儿的语言能力、理解程度等调整阅读难度，可以指着图片让幼儿说出动物名称，并模仿叫声，也可以先让幼儿对画面内容进行讲解，甚至可以让幼儿对前一画面内容进行简单复述。

7. 对幼儿在阅读中的积极表现给予肯定和表扬。

学习检测

1. 0～3岁婴幼儿的早期阅读活动有哪些特点？

2. 应为0～3岁婴幼儿选择哪些适宜的早期阅读材料？

3. 0～3岁婴幼儿早期集体阅读活动指导的策略有哪些？

4. 0～3岁婴幼儿早期个别化阅读活动有哪些指导策略？

实践体验

1. 采访0～3岁婴幼儿的家长，了解他们都为婴幼儿选择了怎样的阅读材料，并进行分类整理汇总与评价。

2. 在中国新闻出版研究院的第十五次全国国民阅读调查报告中，关于早期阅读的数据：2017年0～8岁婴幼儿的图书阅读率约为75.8%，基本与2016年的76.0%持平；2017年0～8岁婴幼儿人均图书阅读量为7.23本，比2016年的7.76本稍有下降；2017年我国0～8岁婴幼儿的家庭中，约71.3%的家庭平时有陪孩子读书的习惯；在有陪孩子读书习惯的家庭中，家长平均每天陪婴幼儿读书的时间约为23.69分钟，比2016年的24.15分钟有所减少；2017年我国0～8周岁婴幼儿的家长平均每年带孩子逛书店3.07次，与2016年持平；约46.2%的0～8周岁婴幼儿家长会在半年内带孩子至少逛一次书店，其中35.0%的家长在1～3个月内便会带孩子逛一次书店。结合以上数据和生活实例，谈一谈你对我国0～3岁婴幼儿早期阅读现状的了解。

3. 分类收集适合0～3岁婴幼儿的早期阅读材料，包括文本、图示、标记和符号等，学习早期阅读材料的分类方法、整理投放方法，并根据收集的早期阅读材料，自行设计一个阅读区。

4. 请设计并组织一次0～3岁婴幼儿集体阅读活动。

5. 走访0～3岁婴幼儿的家庭，了解家长是如何在家中开展与婴幼儿的早期阅读活动的，做好采访记录，并撰写分析报告。

单元七　0～3岁婴幼儿语言游戏活动

导言

　　游戏是婴幼儿最喜爱的活动，对于婴幼儿来说，游戏不仅仅是"玩"，也是一种学习和交流的方式。2019年10月，国家卫生健康委发布的《托育机构管理规范（试行）》中明确指出，托育机构应当以游戏为主要活动形式，促进婴幼儿全面发展。语言游戏活动作为促进婴幼儿语言发展的一种途径，为婴幼儿提供了语言交流的真实情境，让婴幼儿在游戏中学习语言、发展语言、使用语言的同时获得多元智能的发展。本单元将从0～3岁婴幼儿的集体语言游戏活动和亲子语言游戏活动两个方面，讨论0～3岁婴幼儿语言游戏活动的组织、设计等问题。

学习目标

1. 领会语言游戏活动的基本概念。
2. 了解语言游戏活动的作用。
3. 掌握0～3岁婴幼儿集体语言游戏活动的组织要点。
4. 初步掌握0～3岁婴幼儿集体语言游戏活动的设计。

知识导览

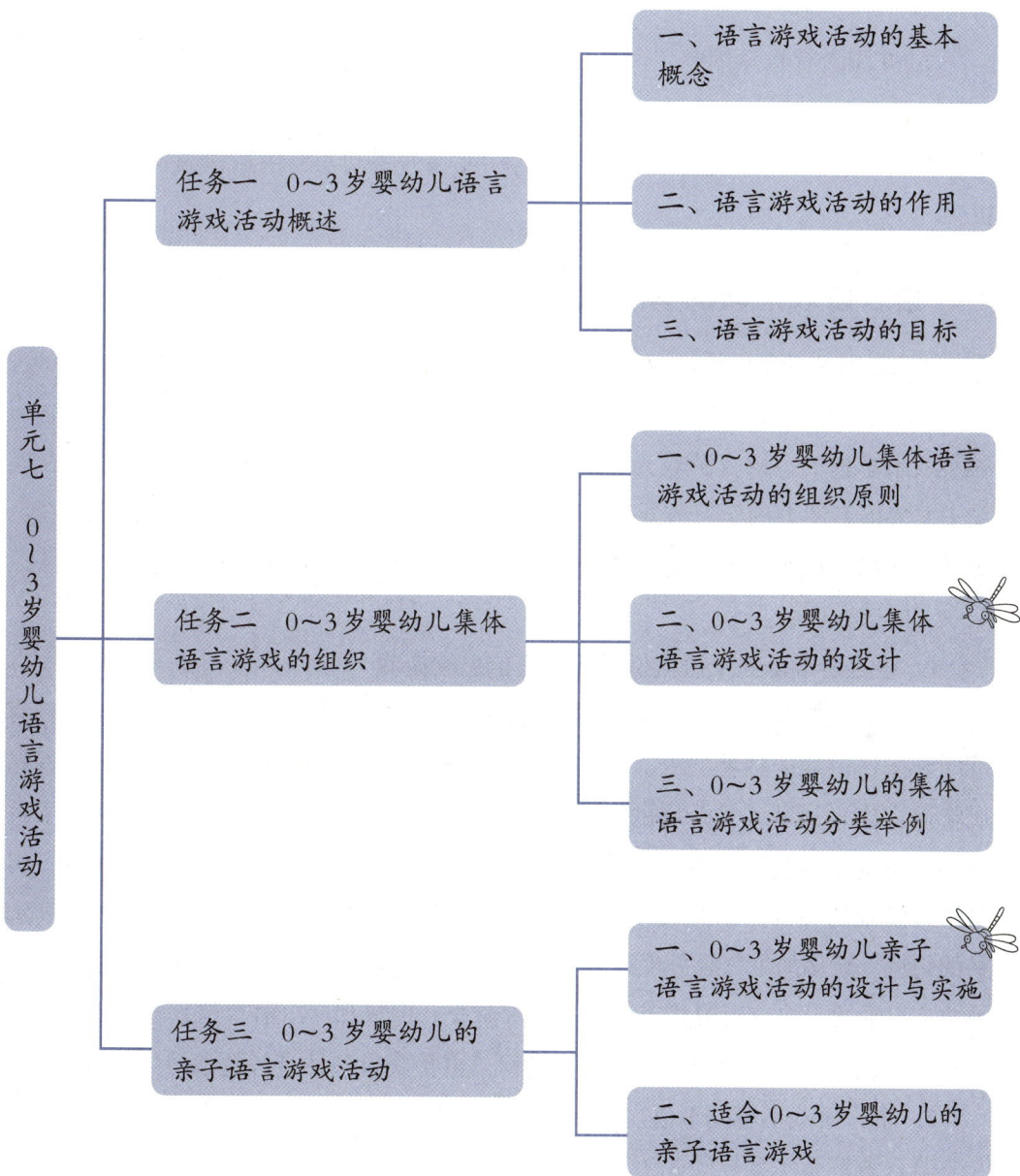

单元七 0～3岁婴幼儿语言游戏活动

任务一 0～3岁婴幼儿语言游戏活动概述
- 一、语言游戏活动的基本概念
- 二、语言游戏活动的作用
- 三、语言游戏活动的目标

任务二 0～3岁婴幼儿集体语言游戏的组织
- 一、0～3岁婴幼儿集体语言游戏活动的组织原则
- 二、0～3岁婴幼儿集体语言游戏活动的设计
- 三、0～3岁婴幼儿的集体语言游戏活动分类举例

任务三 0～3岁婴幼儿的亲子语言游戏活动
- 一、0～3岁婴幼儿亲子语言游戏活动的设计与实施
- 二、适合0～3岁婴幼儿的亲子语言游戏

任务一　0～3岁婴幼儿语言游戏活动概述

《幼儿园教育指导纲要（试行）》中指出："语言能力是在运用的过程中发展起来的，发展幼儿语言的关键是创设一个能使他们想说、敢说、喜欢说、有机会说并能得到积极应答的环境。"语言游戏活动能够为婴幼儿提供宽松愉悦的语言实践机会。

一、语言游戏活动的基本概念

语言游戏活动是以语言为主要材料，以发展婴幼儿语言为主要目的的规则游戏。

语言发展在一定程度上受先天因素的影响，但同时语言也是通过后天的学习和实践来掌握的。语言游戏为婴幼儿语言的发展提供了实践的机会，是一种在实践中发展语言能力的学习方式。语言游戏以游戏为活动形式，以语言为主要内容，对婴幼儿语言能力的发展起着重要的推动作用。语言游戏的基本概念，还应从以下两方面进行理解。

1. 语言游戏是关于语言材料和语言信息的游戏

语言游戏是以耳听口说为主的智力游戏，如猜谜语、讲故事。语言游戏具有不同于操作游戏的独特之处。首先，语言材料是游戏的主要媒介。离开语言材料或将语言作为辅助工具开展的游戏活动都不是语言游戏。语言游戏正是通过语言活动来带动婴幼儿语言能力、思维能力的发展。其次，对语言信息的理解与产出是语言游戏的关键。幼儿对语言信息的理解包括"对语言信息的知觉分析、高水平的句法、意义加工"等过程；语言信息的产出包括"确定要表达的思想、将思想换成言语形式、将言语形式表达出来"等阶段。理解和产出语言信息的过程，对于婴幼儿来说是多种能力的学习和锻炼过程，也是获得各种有益的学习经验的过程。

2. 语言游戏不等同于语言训练

语言游戏是实现婴幼儿语言和思维发展的一种方式，这种方式的本质是游戏，而不是语言训练活动。在语言游戏中，婴幼儿首先应该获得愉悦的游戏体验，这种体验可以提高婴幼儿参与语言游戏的主动性和积极性，增强语言学习的兴趣和热情。游戏是婴幼儿学习的主要方式，婴幼儿从中获得的体验越丰富，游戏过程所带来的收获才会越大。一味地把语言游戏当作一种语言训练，为了让婴幼儿记住更多的词汇或句式，成人反复地强化游戏中的正确行为，可能出现游戏即时效果很好的假象，但这种方式不仅阻碍了婴幼儿愉悦的游戏体验，而且会严重影响婴幼儿对语言的理解能力和自觉表达能力。

二、语言游戏活动的作用

交流和学习语言的能力是婴幼儿与生俱来的，但是语言的获得必须经历一个不断学习的过程。婴幼儿语言的学习必须在自然、有意义的情境中进行。语言游戏则为婴幼儿语言的学习和发展提供了一个真实、自然的环境。

1. 激发婴幼儿的语言兴趣

语言游戏活动将游戏与婴幼儿语言发展的需要有机地结合起来，其本质归根结底依旧是游戏。语言游戏活动最重要的是让婴幼儿在游戏中获得快乐和满足的游戏体验，而愉悦的游戏体验可以激发婴幼儿的语言兴趣，在"玩"中提高学习语言、运用语言的积极性。

2. 提高婴幼儿的语言能力

语言游戏活动就是提供给婴幼儿一个能使他们想说、敢说、喜欢说、有机会说并能得到积极应答的环境，在给予婴幼儿快乐的同时又提供了语言运用的机会。有研究表明，最实用的和最复杂的符合语法规则的语言最早都是在游戏中出现的。语言游戏有助于婴幼儿完善新近获得的语言技巧，同时提升他们对语言规则的认识，使婴幼儿在游戏活动中各方面语言能力得到发展。

3. 促进婴幼儿的智力发展

语言是思维的工具，语言发展与智力发展息息相关。语言游戏中，婴幼儿在学习语言、运用语言的同时，还需要调动感知、记忆、想象、联想等思维活动的参与。语言游戏活动将动脑、动口、动手相结合，提高婴幼儿的观察力、注意力、记忆力、表达力等，促进婴幼儿多元智能的发展。

三、语言游戏活动的目标

语言游戏活动是婴幼儿游戏的一种，它不仅能够让婴幼儿从中获得快乐的体验，而且能促进婴幼儿语言方面的发展，甚至是多元智能的发展。同时，通过游戏中与人的相互交往，提高婴幼儿的交往能力。

0~3岁婴幼儿语言游戏活动的目标主要有：

（1）提高听音、发音等语音感知能力；

（2）丰富词汇量，并能基本正确使用词汇；

（3）初步形成语言逻辑，按照正确的语法结构进行语言表述；

（4）提高语言表达能力。

任务二　0~3岁婴幼儿集体语言游戏的组织

集体语言游戏活动既可以是语言教育活动中的一个环节，也可以是一个独立完整的语言教育活动，生动有趣、具有吸引力的集体语言游戏可以促使婴幼儿在玩耍中有效地提高语言能力。

一、0~3岁婴幼儿集体语言游戏活动的组织原则

（一）游戏活动目标的综合性

虽然在语言教育领域可以将0~3岁婴幼儿语言能力的发展分为听、说、阅读等方面，但是这并不意味着婴幼儿听、说、阅读等能力的发展是割裂的。0~3岁婴幼儿听、说、阅读等各方面语言能力的发展是相互渗透、相互促进的。因此在0~3岁婴幼儿集体语言游戏活动的设计和组织时，要注意在把握好游戏训练重点的同时，兼顾语言能力的全面发展，不能过分强调某一种语言能力而偏废其他方面。

（二）游戏活动资源的整合性

各类语言教育活动都不是必须发生在某一特定环境，而是随时随地都可以展开的。在集体开展的婴幼儿语言游戏活动中，保教人员要把早期教育机构、托育机构、家庭以及社会等方面的游戏资源进行整合。通过利用多种婴幼儿生活中熟悉的游戏资源，来组织0~3岁婴幼儿的语言游戏活动，充分发挥语言游戏的整体语言教育功能。

（三）游戏活动内容的反复性

0~3岁婴幼儿在游戏中有一个特点——喜欢反复玩同一种玩具，喜欢反复做同一种游戏。婴幼儿的语言能力可以在语言游戏的反复进行中得到锻炼，每次进行都是对语言能力和经验的整合和积累。在设计0~3岁婴幼儿集体语言游戏活动时要有选择、有变化、有间隔地反复进行训练，提供多种语言交流的机会，促进婴幼儿语言能力的发展。

二、0~3 岁婴幼儿集体语言游戏活动的设计

（一）0~3 岁婴幼儿集体语言游戏活动的设计步骤

保教人员在设计 0~3 岁婴幼儿的集体语言游戏活动时，可参考以下步骤。

1. 创设游戏情境

为了让婴幼儿在宽容愉悦的氛围中参与到集体游戏活动中去，保教人员可运用实物、语言、动作等创设生动而有趣的情境，吸引婴幼儿注意，调动婴幼儿的积极性，为游戏的顺利进行打好基础。

2. 交代游戏规则

在富有情趣的游戏情境导入之后，保教人员可以向婴幼儿介绍游戏玩法、交代游戏规则，这是保障婴幼儿顺利完成游戏活动的重要环节。保教人员在介绍玩法时，一定要语言简单明了，易于 0~3 岁婴幼儿接受。因为这一阶段婴幼儿的理解和接受能力受限，保教人员在讲解游戏规则和玩法时还需要与示范相结合，使婴幼儿更好地掌握游戏玩法。

3. 保教人员引导游戏

为了更好地引导婴幼儿进行游戏，在集体语言游戏活动开始之初，保教人员或者家长可以和婴幼儿一起游戏，在婴幼儿对游戏熟悉之后，可以视情况逐渐过渡到婴幼儿独立参与游戏。在这个过程中，保教人员要注意保障婴幼儿在语言游戏活动中的主体地位。保教人员在遵守游戏规则的前提下要尽量少地去限制或束缚婴幼儿，让婴幼儿在活动中获得良好的游戏体验，从中得到语言能力和社会性的发展。

4. 指导婴幼儿自主游戏

在游戏过程中，保教人员要时刻关注婴幼儿，适时给婴幼儿提供指导和帮助。但这种指导和帮助不应是随意的，在游戏中要允许婴幼儿犯错，允许婴幼儿有不同意见和天真想法，要给予婴幼儿足够的探索和尝试的时间和机会。同时，保教人员还要善于观察个体，有针对性地给予指导，如对胆怯的婴幼儿要尝试用多种方法去鼓励他们；对注意力不集中的婴幼儿，要给予及时的关注和多样化的引导。

拓 展 学 习

语言游戏有效化的要素

　　对教学的有效化展开分析，不难发现任何一个"有效教学活动"都离不开教学目标、学习结果、教学策略这三个核心要素的综合作用。具体到学前语言游戏教学，目标当然是指游戏活动所要达到的语言教学规定的目的，结果可以视为幼儿在游戏过程中的情感体验和语言能力的提升，策略则可看作是游戏方法、教学手段及内容选择的综合运用。这三个要素具有内在统一性，是相互关联、相互制约的。其中，目标是游戏教学的前提，离开了这个前提，语言游戏如同漫无目的的嬉戏，毫无教学意义。结果是游戏教学的最终衡量标准，如果幼儿在游戏中没有获得积极的情绪情感体验，没能掌握应知应会的语言技能，这样的语言游戏在教学上是徒劳无功的。策略是教学目标与学习结果之间的桥梁，若要求幼儿在一定的时间里掌握一定的知识和技能，则必须通过一定的方法和途径，把握好速度与学习效益之间的平衡。根据幼儿身心发展规律和现代教学规律，以幼儿喜闻乐见的游戏为媒介，应是调控幼儿语言学习速度与效益的有效策略之一。

（资料来源—白燕：《浅析学前语言游戏教学的有效化》，

载《天津市教科院学报》，2009 年第 2 期。）

（二）0～3岁婴幼儿的集体语言游戏活动设计举例——逛超市

1. 活动目标

让婴幼儿练习带有声母 g、k、h 的字音；鼓励婴幼儿大胆说话。

2. 活动准备

准备"裤子""卡车""小鼓""鸽子""蝌蚪""西瓜""红花""老虎"等玩教具。

3. 活动过程

（1）创设情境，导入游戏。

　　保教人员在活动前将活动区布置成超市的样子，将提前准备的"卡车"等多种玩教具放在"货架"上。保教人员需提前发给婴幼儿游戏纸币。保教人员扮演成售货员说："欢迎各位小朋友来到我的超市，我的超市里有好多东西呀，大家知道该怎么买东西吗？"

（2）讲解并示范游戏玩法和规则。

小朋友带着钱来店里选购，看到了想买的东西有礼貌地说："阿姨，我想买小鼓。"声音一定要洪亮、正确。在婴幼儿清晰地表达了需求后，保教人员才可以"卖"给婴幼儿想买的东西。"买"到东西的小朋友要说："谢谢阿姨，再见！"

保教人员要边讲解边示范，在示范"阿姨，我想买××"和"谢谢阿姨，再见"两句话时一定要突出音量和清晰度，并告诉婴幼儿："如果阿姨听不清楚，就无法把你喜欢的东西卖给你了。"一位小朋友买完东西了，再请另一位小朋友来买。

（3）正式开始游戏。

①保教人员引导游戏。

保教人员继续充当售货员阿姨的角色，带领婴幼儿开始游戏。在游戏之初，婴幼儿对游戏的规则玩法没有完全熟悉的情况下，保教人员要有耐心，可以适当给予提示。游戏过程中，保教人员要注意观察婴幼儿对游戏规则和游戏玩法的掌握程度，并对婴幼儿声音太小或发音有误等情况进行纠正。

②婴幼儿自主游戏。

在婴幼儿熟悉游戏之后，保教人员可以视婴幼儿的能力情况，开展婴幼儿自主游戏。可由完成得较好的婴幼儿独立担任售货员的角色，或与保教人员一起担任。同时，还要注意个体指导，对胆怯的婴幼儿给予鼓励，保证参与活动的婴幼儿都可以洪亮、正确地发音。

（4）游戏小结。

最后保教人员可以对婴幼儿在游戏中的表现进行评价，并带领所有婴幼儿一起说一说各自买到的东西，巩固发音。

专家点拨

对于以上"逛超市"案例设计，你认为其优缺点有哪些？扫描文旁二维码，听听专家怎么说，并提出你自己的意见。

三、0～3岁婴幼儿的集体语言游戏活动分类举例

根据语言发展的主要方面，语言游戏活动可以分为语音类游戏、词汇类游戏、语法句式游戏、综合类游戏等。

（一）语音类游戏

语音类游戏是帮助婴幼儿练习正确发音、提高辨音能力的一类游戏。

游戏名称：山上有个木头人。

游戏目的：区分 s、sh、an、ang 等音；正确发山（shān）、三（sān）、上（shàng）等字音。

游戏准备：小木偶一个。

游戏玩法：保教人员用小木偶引出游戏"山上有个木头人"。先带领婴幼儿学念儿歌，并指导他们"三""上""山"等字的准确发音。游戏时，婴幼儿边念儿歌边做动作，儿歌念完之后不许动，也不许发声。如果谁动了，就伸出手让其他的小朋友用食指敲三下。小朋友边敲边说："抓到一个小调皮，一二三打三下。"

游戏指导：保教人员先指导婴幼儿准确念诵儿歌，"三""上""山"等字可多重复几遍。对于发音不准的婴幼儿，保教人员可以与其单独念儿歌玩游戏，强化其对正确语音的认知。

儿歌《山上有个木头人》

山，山，山，

山上有个木头人。

三，三，三，

三个好玩的木头人。

不许说话不许动！

（二）词汇类游戏

词汇类游戏是帮助婴幼儿学习词汇、丰富词汇、正确运用词汇的一种游戏。对于0～3岁的婴幼儿而言，游戏内容应以名词、动词为主。

游戏名称：魔法宝箱。

游戏目的：引导婴幼儿说出多种生活用品名称，积累词汇。

游戏准备：自制顶部开洞的不透明"宝箱"，镜子、梳子、杯子、牙刷、香皂、勺子、蜡烛等实物。

游戏玩法：保教人员提前将准备好的生活用品放进"宝箱"。游戏中请婴幼儿按顺序将手伸进"宝箱"抓出一件物品，然后请婴幼儿说"我抓到了××"。在婴幼儿抓到东西时，可以先请婴幼儿猜一下抓住的是什么。

游戏指导：如果婴幼儿准确说出了物品名称，保教人员要给予及时的评价；

如果婴幼儿不认识所抓物品，保教人员要带领婴幼儿共同认识新事物，当婴幼儿能准确说出所学物品名称时，就要给予及时的正向评价。游戏中要注意并指导婴幼儿有序参与游戏。

（三）语法句式游戏

语法句式游戏是帮助婴幼儿掌握正确的语法规则和正确的句式规范的游戏。保教人员应对婴幼儿的语言发展水平有充分的了解，在此基础上设计组织符合婴幼儿最近发展区条件的游戏。

游戏名称：我爱我的家人。

游戏目的：帮助婴幼儿掌握"这是我的××""他在××"句式。

游戏准备：保教人员和婴幼儿都准备一张家人的生活照。

游戏玩法：保教人员和婴幼儿依次介绍照片中的家人是谁，这位家人在干什么，使用句式"这是我的××""他在××"。如保教人员介绍照片："这是我的女儿。她在搭积木。我爱我的女儿。"

游戏指导：保教人员要先做示范，先请婴幼儿看清照片，再使用"这是我的××""他在××"句式进行描述，声音要清晰、洪亮。在婴幼儿没有完全熟悉句式的时候，保教人员可以进行适当引导，如问题引导："这是你的什么？""他在干什么？"活动中要尽量让婴幼儿使用示范句式，并给予婴幼儿积极的反馈。

任务三　0～3岁婴幼儿的亲子语言游戏活动

0～3岁婴幼儿的家庭教育中，亲子游戏是一种重要的亲子教育方式。在亲子游戏中，婴幼儿既能体会到游戏的快乐，又能学到知识并发展能力。更重要的是，亲子互动增加了亲子关系的亲密度和婴幼儿的心理安全感。0～3岁婴幼儿的亲子语言游戏，能使婴幼儿在与家长的沟通交流中获得语言能力的快速发展。

一、0～3岁婴幼儿亲子语言游戏活动的设计与实施

（一）0～3岁婴幼儿亲子语言游戏活动设计的基本内容

1. 了解0～3岁婴幼儿语言发展的基本情况

0～3岁婴幼儿亲子语言游戏活动的开展不是盲目的，纯娱乐性的。家长在开展语言游戏活动前，要了解0～3岁婴幼儿的语言发展水平、兴趣发展水平、偏爱的游戏方式等，从婴幼儿的实际出发，尊重婴幼儿。

2. 制定恰当的游戏目标

根据婴幼儿的实际能力和水平，制定恰当的游戏目标。为0～3岁婴幼儿制定的目标应是弹性化的，不宜过高、过难，否则语言游戏容易变成家长强制性的"语言教学"。

3. 确定游戏方案

依据恰当的游戏目标，为0～3岁婴幼儿的亲子语言游戏活动制定游戏方案。游戏方案设计的基本格式应包含游戏名称、游戏准备、游戏玩法、注意事项等内容。

4. 做好游戏准备

根据制定的游戏方案，为0～3岁婴幼儿提供游戏活动所需的相关支持，如游戏环境支持、生活经验支持、语言经验支持等。除此之外还要准备游戏活动所需的材料、玩具、道具等。

拓 展 学 习

兴趣是最好的老师，实施亲子语言游戏活动也不例外。家长可以根据婴幼儿的偏好选择语言游戏。扫描文旁二维码了解婴幼儿学习偏好以及如何选择亲子语言游戏，并举例谈一谈家长应如何更科学地选择亲子语言游戏。

（二）0~3岁婴幼儿亲子语言游戏活动实施中的注意事项

（1）在游戏中关注婴幼儿的安全，注意游戏中是否存在具有危险性的物品或动作。

（2）游戏过程中注意与婴幼儿的情感交流。亲子语言游戏既是发展提高婴幼儿语言能力的良好方式，又是促进亲子交流的重要途径。在游戏中，婴幼儿所获得的良好情感体验，是其心理健康成长的必要基础。

（3）在游戏过程中要注意观察和评估婴幼儿的行为。在开展亲子游戏的过程中，家长需要观察婴幼儿的行为，评估游戏是否符合婴幼儿的语言发展水平，游戏目标、活动设计是否合理等。根据观察和评估及时调整游戏活动的计划或方案。

（4）游戏结束后记录游戏情况，注意进行阶段性的总结评估。每次游戏结束后，家长可以对本次游戏情况进行记录，如游戏中所用的玩教具，开展游戏活动时所使用的技巧和方法，婴幼儿在活动中的参与、变化情况等信息。在一个阶段之后，根据记录进行总结性评估，包括婴幼儿的语言进步情况，以及家长对游戏开展的方法、效果的总结等。

拓 展 学 习

成功的语言学习必须投入昂贵的教育培训费用吗？

在出生后最初的 2 年，婴幼儿的亲密抚养者，尤其是父母，是影响婴幼儿生活与发展的重要因素。父母不仅是婴幼儿日常生活中的主要照料者，而且是婴幼儿直接接触与交往的最早的对象，还是婴幼儿最早也是最重要的游戏伙伴。父母是婴幼儿与物质世界之间的中介，父母在婴幼儿的游戏中扮演着重要的角色。婴幼儿早期接触母语的丰富程度影响了孩子的情绪发展。

语言是个体调节情绪的重要工具，且语言对指导他人情绪的调节也具有很大的作用。随着婴幼儿语言水平的不断提高，他可以通过语言进行自主的对话、与他人交流，来宣泄自己的情绪，或者学习管理情绪的合适方法，父母也可以通过语言来对其进行情绪指导。婴幼儿的语言早期教育并不需要假手于人，也不需要昂贵的教育培训费用。科学的早教方法和父母与婴幼儿的亲密关系，是婴幼儿家庭游戏早期教育成功的重点。

（资料来源——李佳洋，刘文利：《家庭语言游戏干预对0~30个月婴幼儿早期词汇量发展的个案研究》，载《教育生物学杂志》，2019 年第 1 期。）

二、适合0~3岁婴幼儿的亲子语言游戏

（一）适合0~1岁婴儿的亲子语言游戏

1. 游戏名称：看，这是我们的家

游戏目的：引起婴儿对人、对物的兴趣，做好语言准备。

适宜月龄：0~6个月。

游戏准备：安静的家庭环境。

游戏玩法：对于刚出生的婴儿，母亲或者父亲可以将婴儿轻轻抱起，用手或臂托住婴儿的头部，边带婴儿参观自己的家边与其对话："宝贝，看，这是你的小床……"母亲或父亲声音和语调要轻柔、和缓，除了可以告诉婴儿他看到了什么，还可以告诉他这些物品的功用。

2. 游戏名称：一起聊天吧

游戏目的：鼓励婴儿表达，促进婴儿的交流意愿。

适宜月龄：0~6个月。

游戏准备：安静的家庭环境。

游戏玩法：新生儿随着月龄的增加，会发出各种咿咿呀呀的声音，就像是说话似的。这时候，家长要面带微笑、声音温柔地给予及时的回应："宝贝，你真乖，妈妈喜欢你"，"宝贝吃饱了好开心对不对"等。通过这样的语言游戏，婴儿的语言敏感度会增强，更愿意用宝宝语与家人交流互动。

3. 游戏名称：爱你的爸爸妈妈

游戏目的：强化语言刺激，鼓励婴儿发音。

适宜月龄：4~8个月。

游戏准备：安静的家庭环境。

游戏玩法：父母在持续与婴儿进行聊天游戏的同时，可以强调"爸爸""妈妈"的发音。如父母在抱着婴儿时可以说："宝贝，我是妈妈（爸爸）。"发音时口唇用力发"妈"或"爸"的音，使婴儿将发音与人联系起来。在日常活动中，父母可以频繁强调"爸爸""妈妈"的发音，如"宝宝不哭，妈妈来啦"，"妈妈给宝宝擦擦"，"爸爸爱宝宝"，"爸爸给宝宝洗澡澡啦"等。

4. 游戏名称：我的动物朋友

游戏目的：利用趣味性的语言刺激鼓励婴儿学习新语言。

适宜月龄：9~12个月。

游戏准备：小鸭子、小青蛙等动物手偶或动物玩偶图片。

游戏玩法：家长准备几个颜色鲜艳、小巧可爱的手偶（也可用玩偶或图片代替），拿起一个手偶放在距离婴儿适宜的位置，同时说出小动物的名字并模仿这种小动物的叫声。如"宝宝看，这是小鸭子，小鸭子怎么叫呢，嘎嘎嘎，小鸭子，嘎嘎嘎"，"小花狗，汪汪汪"，"小青蛙，呱呱呱"等。注意，每一个小动物及其叫声进行几次重复后可以引导婴儿自己接着说下去。

（二）适合 1~2 岁幼儿的亲子语言游戏

1. 游戏名称：大喇叭

游戏目的：提高幼儿学习语言的兴趣。

游戏准备：彩色卡纸，一次性纸杯，胶带。

游戏玩法：家长先与孩子一起利用干净卫生的一次性纸杯和彩色卡纸做一个大喇叭。让孩子嘴对着喇叭说话，听一听声音的变化。家长和孩子轮流用做好的喇叭跟对方说话，提高孩子语言交流的兴趣。注意不要让孩子去舔吮游戏道具。

2. 游戏名称：手指谣

游戏目的：增加亲子互动，学习新词。

游戏准备：简单、互动性强的手指谣。

游戏玩法：成人与幼儿面对面坐好，边念歌谣边做动作。成人语速要慢，动作要轻柔，面带微笑。如一个手指点点点（伸出一个手指在幼儿身上轻点），两个手指敲敲敲（伸出两个手指在幼儿身上轻敲），三个手指捏捏捏（伸出三个手指在幼儿身上轻捏），四个手指挠挠挠（伸出四个手指在幼儿身上轻挠），五个手指拍拍拍（自己两手对拍），五个兄弟爬上山（两手在幼儿身上作爬山状），叽里咕噜滚下来（十指在幼儿身上自上往下挠）。

3. 游戏名称：瓶盖翻翻

游戏目的：帮助幼儿学习词汇、丰富词汇量。

游戏准备：大小不一、颜色各异的瓶盖，瓶盖大小的动物、植物、食物等图片。

游戏玩法：家长找一堆塑料瓶盖，可以大小不一、颜色各异，在瓶盖内贴上各种图案，如食物、动物、植物、生活用品等。游戏开始时，家长将所有瓶盖向下摆放，和宝宝轮流翻开瓶盖，并将自己瓶盖上的图案大声地说出来。如果翻到的图案是宝宝不熟悉的，家长可以结合图案特点帮助宝宝学习新词。游戏过程中，家长可以请宝宝猜猜自己翻到了什么，增加游戏的趣味性。

4. 游戏名称：逛超市

游戏目的：丰富词汇的同时帮助幼儿了解日常生活用语。

游戏准备：食品、生活用品等多种"商品"，适合宝宝、大小适中的购物篮、购物袋等。

游戏玩法：家长可以把家里的食物、生活用品等摆放在房间的不同位置，然后拉着宝宝一起逛超市。家长可以给婴幼儿准备一个"购物篮"或"购物车"，边走边问宝宝想买什么，或者告诉宝宝自己想买什么，把物品放进购物车时要说出物品的名称。最后购物结束可以用购物袋将选购的物品装起来，并请宝宝一一说出购买物品的名称。

5. 游戏名称：吸管吹气

游戏目的：锻炼幼儿的肺活量和面部肌肉，为语言学习打基础。

游戏准备：酸奶杯吸管，一杯水，一堆撕碎的纸屑。

游戏玩法：家长首先教会幼儿含着吸管，鼓起两腮向外吹气这一动作。父母可以和孩子用吸管对吹，吹一吹额头，吹一吹脸蛋，吹一吹手心手背等，让幼儿从中感受气流。在这一过程中教会幼儿深呼吸后缓慢地将气吹出来。然后教幼儿将吸管没入水中吹水，或吹散一堆纸屑。家长要密切关注幼儿的行为，防止吸入异物发生危险。

（三）适合2~3岁幼儿的亲子语言游戏

1. 游戏名称：猜猜它是谁

游戏目的：促进幼儿描述性语言的发展；锻炼幼儿想象、联想等思维能力。

游戏准备：动物卡片。

游戏玩法：家长准备一些幼儿熟悉的动物的卡片，背面朝上。家长与幼儿轮流抽一张，用语言、动作或声音描述所抽到的动物，请对方猜，如果猜对了可以给予一些小奖励。如家长抽到了小白兔，可以说："它长得白白的，还有两个长长的耳朵，走起路来一蹦一跳。"同时可以模仿小兔子的形象和动作。宝宝在描述时，如果不能顺利进行，家长可以想办法提示："它长了长长的脖子吗？"如果幼儿仅能用肢体或声音描述动物特点，家长不要马上说答案，而是用提问的语言帮助幼儿描述："它是长了四条腿吗？""它的衣服是绿色的吗？"

2. 游戏名称：爱的信箱

游戏目的：锻炼幼儿的表达能力。

游戏准备：卡纸，纸盒，信纸，信封，邮票，油画棒或蜡笔、水彩笔。

游戏玩法：家长带着宝宝一起将纸盒装饰成漂亮的信箱，并教宝宝认识信、信封、邮票。请宝宝"写"（画）一封信，并将信装进之前准备好的带有邮票的信封，把信投进信箱寄给家长。家长收到信，打开信，请宝宝讲清楚"信"的内容。然后家长也"写"（画）一封信寄给宝宝，宝宝收到信后请宝宝猜猜"信"的意思。

3.　游戏名称：打电话

游戏目的：使幼儿学习基本句式；体会交流乐趣。

游戏准备：玩具电话。

游戏玩法：家长和宝宝使用玩具电话聊天："喂，你好，我是××，请问×××在家吗？"然后跟宝宝交流一些话题，如吃饭吃了什么、天气怎么样等。然后请宝宝给家长打，学说："喂，你好，我是××，请问×××在家吗？"游戏中，家长和宝宝还可以扮演不同的角色，如各种小动物。家长要引导幼儿寻找话题，进行交流。

4.　游戏名称：角色扮演游戏

游戏目的：锻炼幼儿的语言理解力和语言表达力。

游戏准备：符合角色扮演的道具，如头饰、服饰等。

游戏玩法：家长先根据故事制作一些小道具。然后可以带领幼儿用讲故事、绘本阅读等方式熟悉故事，等幼儿了解故事甚至可以自己简单复述情节后，开始进行角色表演游戏。故事应以人物较少、情节简单为主要选择标准。家长与幼儿分别扮演不同的角色进行表演。家长注意引导幼儿在表演中发言，但切记不要死记硬背台词。表演不必完全依照剧本，可以让幼儿有自己想象和发挥的空间。

拓展学习

亲子游戏中的家长角色

1. 积极回应的启发者

什么是积极回应？如果儿童看到了一片云彩，由于语言发展有限，不能很好地描述。成人的回应可能有三种：一是不关注儿童的兴趣，采取漠视或者打击的态度（不就是云彩嘛，有什么可看的）；二是关注儿童的兴趣，有回应，但回应单一或者应付（那是云彩，我们继续去其他地方玩吧）；三是积极的回应式互动（宝贝，你看它白白的，看起来软软的，你觉得它像什么呢）。"发球—回球"式的互动能够激发儿童进一步思考、探索的兴趣，在成人与儿童之间形成积极的互动模式。儿童大脑中相应的神经元链接会在不断的互动中加强，形成积极的早期经验。这种早期经验将

拓 展 学 习

为大脑的发展奠定良好的基础。

2．主动参与的支持者

父母要成为亲子游戏的有效支持者，支持儿童独立解决问题。儿童在发展过程中遇到的挫折，如自己搭建的积木倒塌、不能得到自己想要的玩具等，往往是儿童学会解决问题获得发展的机会。父母可以多观察，在最佳时机给予儿童支持，激发儿童探索的动机，保护他们获得成长后的满足与自信，而不是急于帮助与包办。

3．观察与选择时机的干预者

儿童通过与同伴的互动，从同伴那里学习。他们也通过各种问题解决情境，在儿童之间的互动中展示自己。他们逐渐学会一些有用的技能，比如如何解决冲突。在亲子游戏中，儿童之间会有交流，此时成人应鼓励儿童互动，然后退至一旁观察，直到儿童需要时才进行干预，把握时机进行选择性干预非常重要，如果时机不对，则会打断亲子游戏中儿童的工作与探索。当被限定于那些能产生积极作用的时机时，干预便具有了选择性。

（资料来源—王慧：《浅谈幼儿亲子游戏及游戏中家长角色》，

载《基础教育参考》，2018年第19期。）

学习检测

1．什么是语言游戏活动？

2．0～3岁婴幼儿集体语言游戏活动的组织要点有哪些？

3．0～3岁婴幼儿亲子语言游戏的实施应注意哪些事项？

实践体验

1．观察机构中的0～3岁婴幼儿集体语言游戏活动，做好各环节的记录，撰写分析评价报告。

2．设计并组织一个0～3岁婴幼儿集体语言游戏活动。

3．收集整理适合0～3岁婴幼儿的亲子语言游戏，并做好分类汇总。

单元八　0~3岁婴幼儿语言发展常见障碍及问题指导

导言

　　语言障碍是语言异常和言语异常的统称，即各种原因导致的婴幼儿沟通困难或表达障碍，严重影响与他人进行正常的语言交际活动的现象。除此之外，婴幼儿在语言发展过程中，还会阶段性地出现一些语言问题。0~3岁是个体成长过程中语言发展的关键期。如果这一时期婴幼儿出现语言发展障碍和问题，家长不加以引导、矫治，会影响婴幼儿一生的发展。所以，了解这一时期婴幼儿可能会出现的各种语言发展障碍和问题，并找到解决方法，就显得至关重要。

学习目标

1. 了解婴幼儿出现语言发展障碍及问题的原因。

2. 了解婴幼儿常见的语言发展障碍及问题的类型。

3. 运用适当的策略和方法，缓解或改善婴幼儿语言发展障碍和问题。

4. 运用实例帮助家长掌握改善语言发展障碍的方法和技巧。

知识导览

单元八　0～3岁婴幼儿语言发展常见障碍及问题指导

任务一　0～3岁婴幼儿语言发展常见障碍及问题类型

- 一、口齿不清
- 二、口吃
- 三、沉默不语
- 四、语言发展迟缓
- 五、语言混杂
- 六、不愿和陌生人交流

任务二　0～3岁婴幼儿语言发展常见障碍及问题产生原因

- 一、婴幼儿口齿不清的原因
- 二、婴幼儿口吃的原因
- 三、婴幼儿沉默不语的原因
- 四、婴幼儿语言发展迟缓的原因
- 五、婴幼儿语言混杂的原因
- 六、婴幼儿不愿和陌生人交流的原因

任务三　0～3岁婴幼儿语言发展常见障碍及问题的改善方法与策略

- 一、改善口齿不清的方法
- 二、改善口吃的方法
- 三、打破婴幼儿沉默的方法
- 四、改善婴幼儿语言发展迟缓的方法
- 五、避免婴幼儿产生语言混杂的方法
- 六、让婴幼儿敢于与陌生人交流的策略

任务一 0～3 岁婴幼儿语言发展常见障碍及问题类型

　　语言发展障碍是婴幼儿在语言发展过程中，因为个体差异或环境影响而产生的语言异常问题。如果在出现初期没有及时发现或干预的话，婴幼儿后期的语言发展就可能因为表达困难、接受理解困难而落后于同龄人。0～3 岁婴幼儿语言发展的常见障碍主要有口齿不清、口吃、沉默不语、语言发展迟缓、语言混杂五种现象。与此同时，不愿和陌生人交流是 0～3 岁婴幼儿语言发展的常见问题。

一、口齿不清

　　口齿不清是指婴幼儿发音位置、发音方法的错误或不协调导致发音不清楚、影响发音效果的一种现象。

　　一般来说，婴幼儿口齿不清，主要有以下四种情况：

　　（1）发音时将声母或韵母等某一注音符号省略，如"哥哥"（gē gē）读成"ē ē"；

　　（2）发音时用另外一个音取代原来的音，如"西瓜"（xī guā）读成"xī duā"；

　　（3）发音时在原有的音中多加了一个音，如"蝉"（chán）发成"chuán"；

　　（4）语音歪曲改变，无法分辨发的是什么音。

二、口吃

　　口吃是 0～3 岁婴幼儿常见的语言发展障碍，表现为在连续语言交流过程中节律失调，也称节律异常，民间俗称为"结巴"。具体表现为婴幼儿说话时不由自主地重复、延长、犹豫或是停顿，不能从容地说完一句完整的话，而且时常伴随面红耳赤、握拳出汗等紧张动作。婴幼儿出现口吃多集中于 2～5 岁，经适当的调整轻度和中度口吃都可以恢复正常，所以家长不必过于焦虑，但重度口吃需进行矫治。辨别婴幼儿口吃，可以参考以下几个方面：

　　（1）婴幼儿说话时是否总是习惯性重复？（例如，"大大……大苹果"）

　　（2）婴幼儿说话是否不流畅，总是停顿？

　　（3）婴幼儿说话时是否出现语句表述困难？

（4）婴幼儿是否为自己的说话问题感到苦恼？

三、沉默不语

这种情况表现为婴幼儿从身体机能来看没有器质性的病变，却不善于用声音、表情等来表达自己的感觉，如饥饿、身体不适等，在大人眼里是不哭不闹的乖孩子，这类婴幼儿在医学上被称为"沉默婴儿"。如果不及时干预和调整，长大后孩子可能会出现孤僻、自卑、抑郁等性格缺陷，出现人际交往障碍。

鉴别这种语言障碍，可以参照以下几点：

（1）对集体环境缺乏兴趣，孤独，不合群；

（2）缺乏与同龄人交往的技巧，不善言谈；

（3）自娱自乐，对周围环境缺乏观察，没有情感反应；

（4）交流时和对方没有目光接触，不会用表情或肢体动作与他人交流；

（5）不会做角色扮演游戏（例如：过家家）；

（6）自己身体不适或心情不好时，没有情感表达；

（7）不关心他人，也不会安慰他人；

（8）很少提问，听不懂别人的话或是反应极其迟钝；

（9）会伴有简单重复的肢体动作，如果制止会有焦虑或愤怒反应；

（10）过分依赖某些事物或玩具，自我满足；

（11）听力没有问题，却对周围的声音充耳不闻。

需要注意的是，"沉默婴儿"和婴幼儿13～15个月时的语言沉默阶段可能有一定的相似之处，但二者有根本的区别。婴幼儿13～15个月时的语言沉默是语言发展过程中的正常现象，不属于语言发展的障碍，两者的区别体现在以下几方面。

（一）持续时间长短不同

"沉默婴儿"的语言障碍持续时间长；而正常婴幼儿的语言沉默阶段通常维持2～3个月。

（二）表现反应不同

"沉默婴儿"不仅仅是不善于用语言表达，他们甚至连肢体和表情语言都很少，显得异常木讷和迟钝；而处于语言沉默阶段的婴幼儿只是这段时间不太爱说话，更愿意倾听他人说话，积累词汇，用简单的词句表达多重意愿。

（三）程度轻重不同

婴幼儿一旦出现"沉默不语"症状，如果不及时干预便会持续下去，难以缓解，甚至会出现抑郁倾向；而正常婴幼儿的语言沉默阶段通常维持2～3个月，语言表达很快就能恢复正常，不会对婴幼儿语言发展产生不良影响。

拓展学习

"沉默婴儿"

所谓"沉默婴儿"，是指那种表现得过于安静，对任何事情或声音反应迟钝，面无表情的婴幼儿。奇怪的是，这种婴幼儿在生理方面很健康，查不出任何疾病，而且随着社会的发展，这种情况有增加的趋势。俗话说"会哭的孩子有奶吃"，而"沉默婴儿"比较乖，不太能引起大人的关注，所以他们的身体发育也相对迟缓，语言发展也相对滞后。

造成这种情况的原因主要是缺乏亲子交流。有些妈妈因产后抑郁等原因，只能满足婴幼儿的生理需求，如喂奶、换尿布，没有考虑到婴幼儿的情感需求，如抚摸爱抚的需要、语言交流的需要。脱离母体之后，婴幼儿与母亲的情感联系依旧是最为紧密的，由于哺乳的需要，母亲可以在哺乳的同时爱抚婴儿，达到情感上的交流。这种爱抚也可以在换尿布或换衣服的时候进行，这可以加强婴幼儿和父母的情感。除了触觉，听觉也可以增进婴幼儿语言的发展。父母要利用一切机会多和婴幼儿进行交流，不要觉得他们听不懂也不会说，其实在潜意识里他们已经可以用表情和动作来与父母进行交流，这对婴幼儿的语言发展有着至关重要的作用，可以避免"沉默婴儿"的产生。

如果家长们长时间从事工作、家务、交际，或是心情不佳，婴幼儿长时间缺乏爱抚和关注，备受冷落的"沉默婴儿"长大后就会产生性格方面的缺陷，容易出现自闭、自卑、不善于交际等现象。

四、语言发展迟缓

语言发展迟缓是指某些婴幼儿因为一些原因，语言发展速度明显落后于同龄正常婴幼儿，这种情况通常表现为婴幼儿词汇量贫乏或是缺乏表达的意愿。

我们需要区别对待语言发展迟缓和孤独症，两者有着本质上的不同：语言发展迟缓的表现是不会说，孤独症的表现是不想说。一般来说，患有孤独症的婴幼儿都伴有一定程度的语言发展迟缓，但是语言发展迟缓的婴幼儿却不一定有孤独症。2 岁以前有些婴幼儿会出现语言发展迟缓的现象，但随着年龄的增长，大多数婴幼儿能自愈，这是由婴幼儿语言发展的个体差异和性别差异等决定的。如果确实发现婴幼儿语言发展迟缓而且没有好转的迹象，就要及时进行干预和治疗了。

语言发展迟缓的症状可以通过以下几个问题进行鉴别：

（1）婴幼儿语言发展速度是否比同龄婴幼儿迟缓？

（2）婴幼儿掌握的词汇是否比同龄婴幼儿少？

（3）婴幼儿说话时所用语句是否过于简单？

（4）婴幼儿说话时是否经常出现词语顺序颠倒的问题？

（5）婴幼儿是否表达困难而总是用表情或肢体语言代替说话？

婴幼儿在不同年龄段出现语言发展迟缓的典型症状可参见表 8-1-1。

表 8-1-1   不同年龄段出现语言发展迟缓的典型症状

年龄	语言发展迟缓的表现
4 个月	没有发出过咿咿呀呀的声音，不会模仿家长的声音
6 个月	不会发出笑声或尖叫声
12 个月	没有说过任何简单的词语，不会用身体语言和婴儿语与家长沟通
15 个月	不明白常见物品（牙刷、手机、手表、叉子和勺子等）的作用
18 个月	会说的词语少于 15 个
2 岁	听不懂简单的指令（穿上鞋子、拿给妈妈），不会说由两个词组成的句子
3 岁	不会说由 3 个词组成的句子，不会正确使用我和你，从来不提问题
4 岁	不能理解复杂的指令（把玩具捡起来放进篮子里），不能正确说出自己的姓名，不会讲述自己的日常活动

专家点拨

孩子明明到了会说话的年纪，却迟迟未开口。这是老话说的"贵人语迟"吗？扫描文旁二维码听听专家怎么说。

五、语言混杂

语言混杂是指由于不同语境的影响，婴幼儿的语言体系出现混乱的语言发展障碍。婴幼儿语言混杂的症状主要表现为：

（1）婴幼儿很难说出一句完整的话，一句话里含有多种语言；

（2）经常说词语而不是句子，词语也并非同一种语言；

（3）拒绝交流或交流困难。

六、不愿和陌生人交流

有的家长发现孩子在家性格很开朗，但见到陌生人就躲闪，也不主动打招呼。其实婴幼儿不愿和陌生人交流，是常见的语言发展问题。主要表现为：

（1）面对陌生人会躲避，甚至大哭；

（2）见到熟悉的长辈也不愿意开口说话；

（3）遇到陌生的小朋友不愿意与之交流，性格内向、害羞。

任务二　0~3岁婴幼儿语言发展常见障碍及问题产生原因

及早发现0~3岁婴幼儿语言发展障碍产生的原因，才可以对症下药、及时干预。据统计，大多数早期婴幼儿语言发展障碍经过家长、教师或专家的帮助，是可以缓解的，不会给婴幼儿的未来带来不良的影响。下文会一一分析各种问题形成的原因。

一、婴幼儿口齿不清的原因

（一）遗传因素

遗传因素是指机体本身，即婴幼儿个体的发音器官、听觉器官或语言中枢是否存在先天性的缺陷或异常。上述中任何一种生理上的缺陷，甚至是牙齿咬合不好，都有可能导致发音出现问题。这些问题只能通过医院治疗的方式来缓解和解决。

（二）环境因素

环境因素是指环境对婴幼儿语言形成产生的影响。例如，婴幼儿的父母或老人方言口音过重，婴幼儿在模仿的过程中学到不正确的发音，导致发音有误。再加上家长发现婴幼儿存在问题后过于急迫、矫枉过正，导致婴幼儿有问题而不敢说，不敢说问题就解决不了，产生恶性循环。

二、婴幼儿口吃的原因

（一）遗传因素

遗传因素是婴幼儿口吃的一个重要影响因素。据统计，有口吃历史的家族后代发病率高达60%。通过调查发现，口吃可由决定声带音质的基因遗传给下一代，父母有口吃，孩子口吃概率就比一般人高很多。而没有口吃历史的家庭，婴幼儿口吃的概率极小。如果父母是口吃，对婴幼儿的语言发展就要更加细心留意，关注他们是否有口吃的征兆，以便尽早加以干预治疗。

（二）模仿不当

婴幼儿的模仿能力很强，有时是一把双刃剑，正面的行为会模仿，负面的也会模仿。如果婴幼儿接触的语言环境中有口吃的同伴或长辈，而他又认为这样说话很有趣，这种无意识的模仿就可能发展成为语言障碍。

（三）矫正不当

2岁左右的幼儿偶尔会出现说话不连贯的现象，或者心急说出某些话语，导致经常重复一些词句。这是语言发展过程中一个正常的现象，大多数婴幼儿思维速度快，词汇量却没有达到相应的水平，容易出现这种类似口吃的问题。此时家长如果打断婴幼儿说话，强势纠正发音，或是严厉训斥，可能会使婴幼儿产生较大的心理负担，开口前精神极度紧张，担心再次说错话，在这种较大的心理压力之下，很容易发展成口吃。

（四）心理问题

有一种观点认为，婴幼儿在成长过程中产生的心理障碍，会通过不同的方式加以排解，比较好的方式是唱歌、跑步等，不好的方式如咬指甲、晃腿等，而口吃也是婴幼儿舒缓心理压力的一种方式。

频繁争吵、父母离异或是家庭暴力等负面的家庭环境，会造成婴幼儿的心理紧张，如果这种紧张没有及时缓解，婴幼儿感受不到家庭的温暖，会变得孤独、自卑，可能出现口吃。当婴幼儿出现口吃之后，家人或同伴如果有嘲笑等行为，婴幼儿所承受的心理压力变大，可能会加重口吃。

三、婴幼儿沉默不语的原因

婴幼儿沉默不语的原因有很多，其中最主要的原因是养育环境不佳，婴幼儿感受到的家庭温暖较少，亲子交流缺乏。此外，还有一些生物学上的原因。

（一）缺乏亲子交流

现代社会中，父母可能由于各种原因，将婴幼儿白天的照料和看护交由祖辈负责。部分教养人缺乏科学的教养理念，重视生活上看护，缺少与婴幼儿的语言交流、亲子游戏等，婴幼儿缺乏与家人的有效互动。有研究表明，缺乏爱抚、亲子互动会使婴幼儿内心极其缺乏安全感，可能会导致婴幼儿孤僻、内向、不爱说话，进而演变为沉默不语。

婴幼儿出生的前3年是亲子依恋关系建立的最佳时期，现代职业女性越来越多，产假时间较短，很多母亲在婴幼儿5个月左右就返回工作岗位，错过与婴幼儿建立亲密关系的宝贵时机。婴幼儿长期缺乏与母亲的身体接触和精神交流，语言对话能力会受到影响，发展滞后，甚至会出现沉默不语。

（二）生物学原因与家庭环境

如果家庭成员中有人性格内向，不善与人交流，婴幼儿就有很大可能会遗传到这种气质类型，胆小、羞怯、敏感，不敢表达，容易紧张，在语言发展上通常表现为说话晚，词汇量不及同龄人，与同伴交流有较大差距，产生不自信。如果家庭环境不太和睦，婴幼儿受到冷落，得不到家人的鼓励，甚至可能受到奚落，渐渐就会变得沉默不语。

此外，孤独症患儿通常会出现语言发育障碍，多数情况下表现为沉默不语，无法与他人正常交流。孤独症病因较复杂，出现这种情况要尽早求助于专业医疗机构，及时干预，一般情况下会有改善。

四、婴幼儿语言发展迟缓的原因

（一）遗传因素

语言发展迟缓是许多疾病或功能失调所表现出来的症状，其发生率在2岁时达到最高，国外的统计结果是约15%。听力障碍是语言发展迟缓最主要的原因之一。近年来，各地的儿童保健医院非常重视对刚出生婴儿进行听力筛查，对有疑似听力障碍的婴儿进一步检查和干预，听力障碍导致的语言发展迟缓比例有所下降。

婴幼儿大脑发育迟缓也可能导致语言发展的迟缓。这种因素不仅仅导致语言发展迟缓，同时还会伴有认知、动作等方面的发展滞后。但这方面病因容易被忽视，如果没有及早发现并干预，不仅影响婴幼儿学习理解能力，而且会影响其今后的社会适应能力。

根据刘世琳等的研究，母亲孕早期先兆流产、上呼吸道感染史，孕后期患有高血压、糖尿病、贫血等会影响胎儿发育，这些都与婴幼儿语言发育迟缓关联较大。[1]

---

[1]　刘世琳、姜苏敏、张莉：《儿童语言发育迟缓相关因素分析》，载《听力学及言语疾病杂志》，2006年第3期。

（二）环境因素

语言发展迟缓通常不是单一原因导致的，家庭环境也是影响婴幼儿语言发展的重要因素之一。现代家庭环境越来越多元化，由于年轻的父母工作繁忙，很多情况下需要祖辈或保姆来帮助看护婴幼儿。祖辈或保姆可能缺乏与婴幼儿交流的意识，他们大多数情况下更重视对婴幼儿生活上的照料，而忽略其精神需求。婴幼儿语言交流机会减少，与外界接触也不多，家庭环境中缺乏同龄人陪伴，再加上多方言等语境给婴幼儿造成语言学习上的困扰，语言发展迟缓问题就出现了。

五、婴幼儿语言混杂的原因

（一）家庭环境中多种语言混杂出现

随着城市化、全球化的发展，越来越多来自五湖四海的人们组建起了新的家庭，这种新型跨区域家庭带来了频繁的不同语言的碰撞和交流。例如，爸爸是美国人说英语，妈妈是上海人说普通话，外祖父母只会说上海话，妈妈和爸爸交流时说英语，和外祖父母交流时说上海话，和婴幼儿说普通话和英语，在这种情况下，成人不会受太大影响，因为他已经有一种强势母语，但0～3岁婴幼儿本身正处于语言学习时期，每天困扰于复杂的语言环境之中，不知如何开口。

神经语言学的研究认为，语言能力的获得实质就是大脑形成了稳定的语言神经回路。当婴幼儿面对多种语言环境时，大量混杂出现的语音导致婴幼儿出现感知混乱，难以区分不同语言之间的差别，反而一种语言也学不会。因此婴幼儿最好能够在初步掌握一种语言的基础上，再开始接受其他语言。

（二）家长盲目培养婴幼儿学习多种语言

很多家长望子成龙、望女成凤，为了提高孩子竞争优势，不惜让其提前学习、拔苗助长。许多家长认为，婴幼儿处于语言学习的关键期，有同时学习几种语言的能力，于是盲目让婴幼儿学习多种语言，语言环境和词汇量却不能达到语言学习的要求，即学习日常生活中听不到、用不着的语言，一方面学习起来非常吃力，另一方面容易造成婴幼儿语言混杂，最终母语学习也受到不良影响。

六、婴幼儿不愿和陌生人交流的原因

（一）家庭环境的影响

婴幼儿习惯了自己熟悉的环境，不喜欢面对陌生环境，于是对陌生人表现出反感和厌恶，才有了言行上诸如捂脸、大哭、沉默的表现。由此可见，过度地将婴幼儿圈养在家里对其成长是不利的，要让他们走出去，多接触外部环境，婴幼儿才能慢慢适应环境，与陌生人的交往才能得到有效的改善。有些婴幼儿过于依赖家人，即使和同伴一起玩耍，家人也要在视线范围内，否则就会没有安全感，轻则焦虑，重则放声大哭。面对这种情况，家长不要过于强硬地将婴幼儿交给其他人，而是要耐心地陪伴婴幼儿熟悉陌生人、与他人交往，打破婴幼儿的交往壁垒，婴幼儿慢慢就能放下戒心，与他人正常交流了。

（二）社会环境的影响

社会环境复杂多变，因此婴幼儿容易产生不安全感，这也是婴幼儿不喜欢与陌生人交谈的原因之一。再加上一些家长夸大了一些偶发事件，对婴幼儿的身心施加了一些负面影响，如对婴幼儿说"不要和陌生人说话，坏人会把你抱走"之类的话，导致婴幼儿对陌生人充满恐惧。

任务三 0~3岁婴幼儿语言发展常见障碍及问题的改善方法与策略

当0~3岁婴幼儿出现了语言发展障碍时，家长和保教人员要耐心积极地帮助婴幼儿解决问题。根据婴幼儿不同的语言障碍类型及程度，家长和保教人员应选择恰当的方法，有针对性地解决问题。

一、改善口齿不清的方法

对于口齿不清的婴幼儿，首先应进行听力、口腔等检查，排除听力障碍、"绊舌"等器质性问题。如果婴幼儿的听力和构音器官没有异常，那么就要注意在日常生活中培养孩子良好的语言习惯。

（一）创造安全、温暖的环境

婴幼儿出现口齿不清的语言障碍后，家长不要过度焦虑。有些保教人员和家长只要听到婴幼儿发音错误就马上责备纠正，这种强硬的态度会削弱婴幼儿学习语言的积极性，影响其开口的自信心，使婴幼儿不敢开口说话，这对于改善语言发音是不利的。当然，对于错误也不能视而不见，而是要遵循容错原则，包容谅解婴幼儿的错误，不施压、不责备，让他们获得安全感，鼓励他们积极改正错误。

（二）正确示范和引导

保教人员发现婴幼儿口齿不清的问题后，可以针对发音问题，准备一些图片、绘本等，与孩子一起看图片、读绘本。在这个过程中，保教人员语速要慢，发音要清晰、准确，口型可以夸张一些。保教人员与孩子最好采用面对面的坐姿，让孩子能观察到保教人员发音的口型，便于婴幼儿的模仿。当一些容易念错的音被孩子回避时，保教人员要注意正确引导。如孩子在看到小狗的时候，有可能会用"汪汪"代替"狗狗"，这时保教人员要注意给予正确的引导，可以说"宝宝，我们跟小狗打个招呼吧，你好狗狗"，通过示范和引导，帮助孩子改善发音问题。

（三）促进婴幼儿发音系统的完善

很多家长喂养孩子过于精细，反而影响了婴幼儿的语言能力发展。如食物过于软烂，喝水用勺子喂等，都会让孩子口腔的肌肉得不到良好的发展，进而影响正确发音。在日常生活中，保教人员和家长要改正不良的喂养方法，让婴幼儿获得正确的锻炼。除此之外，保教人员还要有意识地锻炼婴幼儿的发音系统。如可以通过吹气球、吹泡泡等活动锻炼口腔肌肉，通过含水漱口锻炼舌根力量，通过舔食物锻炼舌头的灵活性。

保教人员在组织语言活动时，可以有针对性地开展锻炼婴幼儿口腔肌肉的活动，如口腔语言训练操：

1. 唇部运动

（1）将嘴巴张至最大说"啊"，停留3～5秒再放松。

（2）将嘴巴左右伸展说"噫"，停留3～5秒再放松。

（3）将嘴巴噘起呈现圆形说"呜"，停留3～5秒再放松。

（4）将嘴型从"啊"变成"噫"，连续3次。

（5）将嘴型从"噫"变成"呜"，连续3次。

（6）将嘴型从"呜"变成"啊"，连续3次。

（7）将嘴型做出"啊—呜"，连续变化3次。

（8）将嘴巴用力闭紧吸住，并做出"波"的声音。

（9）将嘴唇向内用力吸，并做出小鸟叫声。

2. 舌头运动

（1）将舌头伸出，停留3～5秒再缩回放松。

（2）以同样的速度将舌头伸出—缩回，连续3次。

（3）将舌头向右（左）嘴角伸出，停留3～5秒再缩回放松。

（4）将舌头伸出，向右（左）嘴角连续移动3次。

（5）将舌头向上（下）嘴唇伸出，停留5～8秒再缩回放松。

拓展学习

改善婴幼儿口齿不清的语言矫正训练——吹气球

保教人员可以将语言矫正训练与丰富的游戏形式相结合，利用吹气球的游戏，练习婴幼儿的运动口腔肌肉。在把气球吹大的过程中，婴幼儿必须注意四个方面：唇齿协调、送气、口腔感觉和力量。这四个方面与婴幼儿正确发音密切相关。如果婴幼儿在吹气球的过程中，无法使用正确的嘴型，如将下唇压低利用上下颚之间的缝隙产生气流，保教人员则应利用双手辅助婴幼儿，将其两唇往前推形成嘟嘴状。这个游戏可以有效避免婴幼儿在发音时不能送气，如把"婆婆"发成"伯伯"。

二、改善口吃的方法

（一）给予幼儿充分的表达机会

幼儿在两岁后出现的口吃现象，是婴幼儿语言发展过程中的正常现象，大部分幼儿在自然成长过程中或是借助轻微的外界辅助能够得以恢复。家长和保教人员要认识到这种现象是正常并且可接受的，不要随意给幼儿贴上"口吃"标签，戏称其为"小结巴"；不能学幼儿口吃的样子；不要在幼儿面前讨论其口吃问题；不能在幼儿说话出现口吃现象的时候不停打断，强行纠正。这些都会挫伤幼儿的自信心，降低其表达欲望。因此，家长和保教人员要给予幼儿充分的表达机会，多鼓励幼儿表达自己的需求。当幼儿表达自己的想法时，即使充满了停顿、重复、断断续续，家长或保教人员也要耐心倾听，并适当地进行简短而发散性的提问，帮助幼儿寻找更多的话题，创造更多的表达契机。

（二）营造轻松自由的谈话氛围

幼儿的心理压力越大，越容易出现口吃现象，所以让婴幼儿放松心态，有助于矫正口吃。家长或保教人员对幼儿的口吃现象不要特别加以关注，尤其不要因幼儿口吃而过分紧张，这种紧张焦虑的情绪很容易传递给幼儿，加重其心理负担。与幼儿说话时尽量采用慢速轻松的说话方式，让幼儿自由表达自己的想法。当幼儿出现口吃现象时，要尽量避免使用"别着急，慢慢说"这样的鼓励方式，这会让幼儿意识到自己说话有问题而导致情绪紧张。家长或保教人员在与幼儿交谈时，要关注幼儿表达的内容，可以对幼儿所说的内容进行总结："你是说……对吗？"幼儿会感到自己的说话内容得到重视，而非说话方式。家长或保教人员通过营造轻松自由的谈话氛围，帮助幼儿减轻心理压力，减少紧张感，有助于幼儿消除紧张情绪，缓解口吃现象。

（三）树立良好的语言表达示范

家长和保教人员在与幼儿说话时，要吐字清晰，放慢速度，语调平稳，有节奏，为幼儿树立良好的语言表达榜样。在发现幼儿有口吃现象时，家长或保教人员不需要明确要求幼儿"一个字一个字地说""说话要放慢速度"等，而是应该通过正确的语言示范，在潜移默化中给予幼儿语速、语调、停顿、节奏等方面的熏陶。良好的语言表达示范有助于幼儿调整说话速度和节奏，改善口吃现象。

（四）开展多种形式的语言训练

家长和保教人员可以通过为幼儿朗读诗歌、散文等儿童文学作品，让幼儿感受到诗歌的节奏及语言的连贯和优美。读的时候速度要慢，掌握好语言节奏，让幼儿在听的同时积累更多的词汇素材，为其更流畅地表达自己的想法打下基础。

鼓励幼儿运用其他方式表达想法。当幼儿出现口吃现象时，可以让其变换方言或另一种语言进行表达，有的幼儿可能在说普通话时出现口吃现象，而在说方言时表达则很流畅。家长和保教人员也可鼓励幼儿用另一种方式表达自己的想法，如唱歌、画画等。家长或保教人员可以请幼儿"把想说的唱出来"或"画下来讲给我听"，帮助其先想后说、淡化紧张感。

需要注意的是，如果幼儿讲话时出现面部肌肉紧张，脸颊、嘴巴、身体扭曲或不协调；不是单纯重复第一个字，如"我……我……我……"，而是重复第一个音节，如"t……t……他……"；在延长或重复音节时，语调大幅度提高；因极度紧张焦虑而引起叫喊、痛苦、呼吸急促等生理反应时，除上述的辅助方式之外，建议及时寻求专家或医生的帮助。

三、打破婴幼儿沉默的方法

（一）多爱抚

家长应尽可能多和婴幼儿接触，每一次拥抱、亲吻、哺乳都是在建立婴幼儿的安全感。给他们换尿布、洗澡，让婴幼儿身心愉悦、健康成长。婴幼儿发出的呢喃声都是对父母的爱，这也是他们最初的语言。

（二）多陪伴

当发现婴幼儿沉默不语后，保教人员应给予更多的关注。在其他孩子游戏时，可以单独与其交流，介绍游戏是多么有趣，激发其参与的兴趣。就餐后，保教人员可单独与沉默的婴幼儿进行交谈，询问餐食是否合他的胃口，下次还想吃什么等。

家长在工作之余应多陪伴婴幼儿，这个时期是婴幼儿最脆弱也最依赖家人的时候，所以要多对他们微笑，多和他们交流谈话，允许他们不回答问题，营造温馨的家庭氛围，减轻其内心的紧张和焦虑。当婴幼儿尝试说话时，保教人员和家长可加以鼓励和赞扬，让婴幼儿感受到关爱和重视，增加其开口说话的自信和勇气。

（三）多游戏

游戏是婴幼儿的天性，通过游戏来提高婴幼儿语言表达能力事半功倍。保教人员可选择简单有趣的、有一定互动性的语言游戏鼓励婴幼儿参与，激发其表达的欲望。家长也应多陪伴婴幼儿游戏，高质量的亲子陪伴能够使婴幼儿感到快乐，而快乐的婴幼儿通常很开朗，更喜欢与人交往，更爱说话，这是打破婴幼儿沉默的一剂良药。

案例

游戏《猜猜我是谁》

游戏名称：猜猜我是谁

适宜年龄：2～3岁

游戏目标：感知不同动物的叫声并学会模仿，激发幼儿积极参与活动的兴趣。

游戏准备：小猫、小狗、公鸡面具各一个；动物叫声录音。

游戏指导：

1．播放小动物叫声录音导入活动，提问："小朋友们，你们知道这都是什么动物的叫声吗？"大家一起来学一学吧！

小猫小猫喵喵喵

小狗小狗汪汪汪

公鸡公鸡喔喔喔

2．讲解游戏的玩法：

请一个幼儿戴上小猫面具背对大家学猫叫，然后问："猜猜我是谁呀？"选出一名幼儿来猜，如果猜中了，戴面具的幼儿就回过头来再学一句"喵喵喵"以示猜中，教师给予奖励。如果未猜中，其他幼儿可以进行提示，再猜。

换人进行小狗、公鸡的游戏，步骤如上。

3．讲解游戏的规则：

幼儿可以用笑声和说话声提示。

不允许其他幼儿提示动物的名字。

幼儿与教师一起参与活动。

4．总结：以激励为主，重点表扬游戏中语言表达有进步的沉默婴幼儿。

四、改善婴幼儿语言发展迟缓的方法

（一）创设温馨的交流环境，多与婴幼儿交流，尽早干预

保教人员要创设温馨友爱的集体氛围，关心呵护语言发展迟缓的婴幼儿。利用就餐、午睡、活动等间隙时间与其进行个别交流，鼓励婴幼儿与保教人员互动，多进行语言、肢体、眼神交流，并积极提供与其他婴幼儿玩耍的机会，让他们一起游戏，一起谈话等。

如今隔代教育的普遍化、电子产品的泛滥，使许多婴幼儿出现了语言发展迟缓的现象。所以，家长要尽量多和婴幼儿说话。看电视也可以作为亲子交流的途径，但要控制时间，有效陪伴，看完后和婴幼儿一起讨论剧情，也不失为促进婴幼儿语言发展的有效方法。

（二）多进行亲子阅读

亲子阅读是提高婴幼儿语言发展的捷径，每天都要找时间进行。1岁左右的婴幼儿以听父母阅读为主，婴幼儿在倾听的同时积累了词汇，这有助于婴幼儿语言的长远发展。2～3岁的幼儿可以尝试看图说话或是尝试复述故事，父母可以问一些简单的问题，帮助他们加深对故事的印象，锻炼语言表达能力。

（三）要学会"没听懂"

婴幼儿在0～3岁阶段词汇掌握不多，经常会用"这个""那个"来表述自己的需要，这个时候保教人员和家长要学会用"没听懂"来回应，即使明白婴幼儿的意思也要装作听不懂，以鼓励他们用更多的语言或动作来表达意愿。这样婴幼儿就会努力说出自己的想法，更容易产生学习语言的欲望，有助于其口语能力的发展。

需要指出的是，如果家长和保教人员的努力未见成效，需要及时就医，请专业儿童保健医生来评估婴幼儿的语言发展程度，如果发展迟缓，则要进行合理的医教结合干预。有研究表明，在3岁之前进行干预将大大降低语言障碍的短期和长期的不良影响。

拓展学习

当保教人员发现婴幼儿语言发展迟缓并且干预效果不佳后，应及时和家长取得联系，实行医教结合干预。具体措施有哪些呢？扫描文旁二维码了解0~3岁婴幼儿言语发展异常的早期干预手段。

五、避免婴幼儿产生语言混杂的方法

（一）避免同时掺杂多种语言

作为保教人员，面对婴幼儿时要坚持说普通话，不要夹杂方言，要为婴幼儿营造良好的语言环境。家庭里存在多种语言是正常现象，但是家长要注意说话方式，即使语言环境复杂，也不要一句话中夹杂多种语言，如普通话夹杂方言、中文里夹杂英文单词，这种情况会使婴幼儿的语言体系出现混乱，从而导致其语言混杂。家庭成员之间尽量不要同时说多种语言，主要照料者固定说一种语言，都可以避免婴幼儿语言混杂。

（二）强调一种语言的主导地位

将一种语言作为母语来教育婴幼儿，强调其主导地位，其他语言作为辅助，必须有主有次。如果父母都是广东人，就可以选择广东话作为婴幼儿的第一母语；如果家庭语言成分复杂，最好还是选择标准的普通话作为婴幼儿的第一母语。要注意强势方言地区最好同时为婴幼儿呈现普通话语境，否则方言发音可能会对婴幼儿的发音造成一定的干扰。

拓展学习

在社会语言学中，把任何一种语言或它的变体都看作是一种语码。处于多语码环境中的婴幼儿往往会选择家庭中的强势语码作为自己的主要交际用语，那么何种语码会成为强势语码呢？扫描文旁二维码了解家庭语言环境与强势语码的相关内容。

（三）适度培养婴幼儿掌握多种语言

0~3岁是婴幼儿语言发展的关键期，虽然婴幼儿天生具备掌握多种语言的潜力，但是不要过度开发，以免揠苗助长，适得其反。尽量避免超过两种语言的教育，而且要做到有主有次，这样婴幼儿不仅能多掌握一种语言，而且不容易出现语言混杂的情况。

六、让婴幼儿敢于与陌生人交流的策略

（一）尊重婴幼儿的想法

婴幼儿在3岁之前害怕陌生人是正常的，作为成人，要理性看待这个现象，不要急着给婴幼儿下定论，诸如"这个孩子太内向了""这孩子胆子太小了"等。保教人员可以引导婴幼儿逐步熟悉托育环境，尊重其想法，不要逼迫其做不愿意的事，如不要强迫婴幼儿吃不喜欢的食物，或是活动时刻意要求其参与，要循序渐进地引导。婴幼儿刚接触陌生环境时都会有不安全感，此时有熟悉的人陪伴能够缓解其紧张情绪，消减其对陌生环境的焦虑。因此，婴幼儿刚开始进入托育机构时，父母最好能够陪伴并一起参加活动，待其熟悉老师和其他婴幼儿以后再慢慢分离。托育不同于早教，有的婴幼儿需要在托育机构度过一整天，因此家长要和保教人员一起帮助婴幼儿循序渐进地适应新环境，可以从一两个小时开始，慢慢过渡到半天、一整天。

生活中家长也要尊重婴幼儿，不要太过专断。例如，在与朋友会面之前，可以和婴幼儿进行沟通，告诉孩子今天要见的人是谁，跟自己是什么关系，然后对孩子提出要求，希望他能与朋友友善相处。这样既可以打消婴幼儿对陌生人的恐惧感，也让婴幼儿有一个心理准备，婴幼儿在得到家长的尊重和鼓励后，更容易接受陌生人的问候和关爱。

（二）让婴幼儿多适应外部环境，多与人交往

家长可以多带婴幼儿和同龄人共同玩耍，让婴幼儿充分感受到与小伙伴交流的乐趣，增加交流经验，增强其与人交流的信心。鼓励婴幼儿遇到熟悉的邻居时，主动打招呼；在餐厅，需要纸巾或饮料时让婴幼儿主动去寻求服务人员的帮助；在公园玩耍，看到其他小朋友，鼓励婴幼儿去和他们交流，一起玩耍，分享玩具和食物。这些方法既能让婴幼儿学会如何与陌生人交往，又能养成婴幼儿活泼开朗的性格。

（三）及时表扬，正面引导

保教人员和家长发现婴幼儿待人接物有了进步时，一定要及时表扬，增强他们行动的积极性，告知他们哪些做得好，哪些还可继续努力。例如，今天见到妈妈的同事没有哭鼻子，或是今天把玩具给其他小朋友玩没有闹别扭等。婴幼儿的成长需要一点一点地积累，切不可操之过急，通过一段时间的引导，婴幼儿可以顺利度过这个阶段。

案例

一、情况概述

小毅现在已经4岁半了，说话有些不太清楚，有点大舌头。最近他转入了一所新幼儿园，刚转园时小毅总是低着头，不肯说话，在幼儿园很少与小朋友交谈。

小毅的父母因工作原因长期在西藏，无暇照顾小毅，小毅从小跟着爷爷奶奶长大。老人对孩子生活上的照顾无微不至，可日常对话较少，久而久之，小毅与别人交谈的能力明显不如同龄的婴幼儿，偶尔说话小朋友还会笑他。

二、成因分析

小毅的触觉、前庭、本体感的感觉统合检测结果都属于重度失调，肌肉偏松弛。性格内向，不爱运动，不善交往。

三、矫正训练方案和策略

（一）为婴幼儿和家长提供有效的指导和矫正方案

第一，沟通教育。

多次与小毅的奶奶和父母进行个别交流，建议家长学会积极地、科学地与小毅进行有效的沟通，让他们了解一些有语言障碍的婴幼儿的矫正知识，以及适于家庭采用的矫正方法和游戏。分析了小毅现有的一些问题行为、心理特点与现有的家教误区和家教环境的关系。引导他们树立信心，帮助和支持小毅进行正规的语言及感觉统合训练，转变现有的家庭教养模式。

第二，转变方法。

在我们的建议下，家长要做到以下几个方面：

（1）父母应增加与小毅见面次数，增进与小毅的情感交流和语言交流。

（2）爷爷奶奶要注意与小毅勤沟通，坚持正面引导和教育，采用鼓励表扬为主的教育方式。

（3）学会根据孩子的特点，灵活运用教育方法和策略。

（4）家庭成员要经常进行内部协商，增强家庭教育的可实施性和协调性。

（5）注意和幼儿园的教育配合，保持家幼教育的衔接持续性和教育的一致性。

第三，训练婴幼儿，指导家长。

因为小毅的触觉、前庭、本体感的感觉统合检测结果都属于重度失调，婴幼儿的肌肉偏松弛，性格内向，不爱运动，不善交往。所以对小毅进行了系统完整的感觉统合矫正训练，同时进行生理语肌训练，游戏疗法训练。老师和家长及时沟通各自的教育心得体会，共同体验教育的成功和发现教育的不足。帮助家长树立教育婴幼儿的信心，建立正确的教育观念，并且逐步掌握一些教育婴幼儿的方法和策略。

通过半年多的指导，家长在家教的方法、观念、态度、行为、方式上都有了很大的转变和提升，家教能力与家教质量有了明显的提高。

（二）矫正训练中婴幼儿的变化

小毅经过一年多的训练和引导，有了很大的改善。语言表达能力和交往能力已大幅提高，能够主动与小朋友进行沟通，活动中敢于回答问题，道德品质方面表现良好。现在小毅能和小朋友友好相处，完成学习任务，能适应集体生活。小毅的性格也变得活泼开朗了许多。

学习检测

1. 语言发展障碍都有哪些类型？

2. 如何区别对待"沉默婴儿"和婴幼儿13～15个月时的语言沉默阶段？

3. 如何帮助婴幼儿改善口吃？请举例说明。

4. 如何解决婴幼儿语言发展缓慢的问题？

5. 如何避免婴幼儿语言混杂的产生？

🔔 **实践体验**

1. 采访 0～3 岁婴幼儿的家长，了解家庭中婴幼儿常见的语言发展问题有哪些，他们在处理这些障碍时有什么困扰。

2. 请举例分析语言障碍、儿童孤独症及智力发展迟缓三者存在哪些差异。

3. 请设计一个矫正婴幼儿口吃问题的语言活动。

参考文献

1. 张明红. 婴幼儿语言发展与教育 [M]. 上海：上海科技教育出版社，2017.

2. 陈雅芳总主编，曹桂莲主编. 0~3 岁儿童亲子活动设计与指导 [M]. 上海：复旦大学出版社，2014.

3. 袁萍，祝泽舟. 0~3 岁婴幼儿语言发展与教育 [M]. 上海：复旦大学出版社，2011.

4. 陈帼眉. 学前心理学 [M]. 北京：人民教育出版社，2003.

5. 王振宇. 儿童心理发展理论 [M]. 上海：华东师范大学出版社，2016.

6. 靳洪刚. 语言获得理论研究 [M]. 北京：中国社会科学出版社，1997.

7. 张明红. 0~3 岁婴幼儿语言发展与教育 [M]. 上海：华东师范大学出版社，2001.

8. 忻怡，金荣慧. 牙牙学语 [M]. 上海：少年儿童出版社，2012.

9. 周兢. 早期阅读发展与教育研究 [M]. 北京：教育科学出版社，2007.

10. 彭聃龄. 语言心理学 [M]. 北京：北京师范大学出版社，1991.

11. 但菲，刘彦华. 婴幼儿心理发展与教育 [M]. 北京：人民出版社，2008.

12. 佘宇，张冰子等. 适宜开端——构建 0~3 岁婴幼儿早期发展服务体系研究 [M]. 北京：中国发展出版社，2016.

13. 周念丽. 0~3 岁儿童观察与评估 [M]. 上海：华东师范大学出版社，2013.

14. 谭霞灵等. 汉语沟通发展量表使用手册 [M]. 北京：北京大学医学出版社，2008.

15. 莎莉·沃德. 与宝宝对话（0~4 岁）[M]. 毛敏译. 北京：北京科学技术出版社，2011.

16. 珍妮特·冈萨雷斯–米纳，戴安娜·温德尔·埃尔. 婴幼儿及其照料者 [M]. 张和颐，张萌译. 北京：商务印书馆，2016.

17. 列夫·维果茨基. 思维与语言 [M]. 李维译. 北京：北京大学出版社，2010.

18. 朱迪·赫尔，特丽·斯文. 美国早教创意课程（2~3 岁）[M]. 李颖妮译. 上海：华东师范大学出版社，2014.

19. 费尔迪南·德·索绪尔. 普通语言学教程［M］. 高名凯译. 北京：商务印书馆，1980.

20. 让·皮亚杰. 儿童的心理发展［M］. 傅统先译. 济南：山东教育出版社，1982.

21. 蒙·科克伦. 婴幼儿早期教育体系的政策研究［M］. 王海英译. 南京：江苏教育出版社，2011.

22. 周兢. 零岁起步：0～3岁儿童早期阅读与指导［M］. 深圳：海天出版社，2016.

23. 周兢. 给0～3岁孩子的60本图画书［M］. 深圳：海天出版社，2016.

24. 周兢. 早期阅读发展与教育研究［M］. 北京：教育科学出版社，2007.

25. 许国璋. 语言的定义、功能、起源［J］. 外语教学与研究，1986（2）.

26. 高兵，杨玉芳. 发展性阅读困难的行为遗传学研究［J］. 心理科学进展，2005（5）.

27. 武进之. 幼儿使用形容词的调查研究［J］. 心理发展与教育，1986（1）.

28. 宋新燕，孟祥芝. 婴儿语音感知发展及其机制［J］. 心理科学进展，2012（6）.

29. 曾涛. 儿童早期词汇发展中的词汇飞跃现象［J］. 当代语言学，2009（1）.

30. 刘焱. 游戏——幼儿发展的一面镜子［J］. 标准生活，2016（6）.

31. 周兢. 从阅读到悦读——早期儿童阅读与读写成长之路［J］. 东方宝宝：保育与教育，2017（9）.

32. 李珂. 儿童语言学习理论的发展及其影响因素与策略［J］. 学前教育研究，2016（7）.

33. 官群. 儿童早期语言天赋：来自国际研究的前沿证据［J］. 学前教育研究，2016（8）.

34. 许政援. 三岁前儿童语言发展的研究和有关的理论问题［J］. 心理发展与教育，1996（3）.

35. 许政援. 对儿童语言获得的几点看法——从追踪研究结果分析影响儿童语言获得的因素［J］. 心理发展与教育，1994（3）.

36. 许政援，郭小朝. 11—14个月儿童的语言获得——成人的语言教授和儿童的模仿学习［J］. 心理学报，1992（2）.

37. 刘小军. 婴儿语言四大表现形式［J］. 新课程学习（下旬刊），2013（9）.

38. 贺利中. 影响儿童语言发展的因素分析及教育建议［J］. 教育理论与实践，2007（3）.

39. 曾庆煌，曾仁和. 早期儿童语言发展与脑发育关系的研究进展［J］. 右江民族医学院学报，2018（2）.

40. 潘晓静，程焉平. 语言学习行为的先天遗传与后天习得［J］. 吉林农业科技学院学报，2010（1）.

41. 周兢. 造就成功阅读者的培养目标——美国幼儿早期教育目标评析［J］. 早期教育，2002（7）.

42. 李麦浪. 2—3岁婴幼儿阅读的特点及影响因素的分析［J］. 学前教育研究，1999（4）.

43. 金星明. 儿童语言发展的七个阶段［J］. 父母必读，2000（6）.

44. 刘婷. 0～3岁早期教育机构课程设置的个案研究［D］，华中师范大学，2017.

45. 张丁丁. 早熟与快熟：儿童语言发展的新趋向——0—2岁婴幼儿语言生长日记的个案分析［J］. 教育学术月刊，2016（3）.

46. 周念丽，俞洁. 0～3岁儿童言语发展异常的早期发现与干预［J］. 中国计划生育学杂志，2014（4）.

47. 梁卫兰. 儿童言语和语言障碍的诊断与治疗［J］. 中国儿童保健杂志，2011（10）.